JN273258

数字でとらえる
ホスピタリティ

会計&ファイナンス

長谷川惠一・吉岡 勉【著】
徳江順一郎【編著】

はじめに

　本書はホスピタリティ産業について、計数面から把握するための基礎について論じたものである。

　実際に行われているビジネスを数字で把握することは、本来的に企業においては大前提となるはずであるが、これまでのホスピタリティ産業においてはやや弱かった面が否めない。それは、一つにはホスピタリティとは心からのおもてなしであるといった間違った認識のもとで、あまりお金の話題には触れるべきではないという風潮が蔓延していたからではないだろうか。

　近年、ホスピタリティ研究の進展によって、こうした情緒性を抑制した視点が着目されるようになってきている。特に著者たちが主張する関係性のマネジメントというアプローチによって、これまで解明しきれなかったさまざまな問題点についても、少しずつではあるが明らかとなってきつつある。

　こうした前提のもとで、特にホスピタリティ産業論と称される分野において重要なのは、関係性をマネジメントすべき主体間の共通言語としてはやはり「数字」が欠かせないということである。いくら顧客から評価されても、いかに素晴らしいサービスだと称賛されたとしても、それが売上につながらなければ意味はない。あるいは、そのためのコストをかけすぎても意味はない。企業にとっては、利益につながらなければ存続さえ危うくなりかねないからである。その意味でもホスピタリティを取り巻く計数面について、その特性も踏まえつつ把握しておく必要が生じることになる。

　一方で、教育側においても数字を扱うよりもむしろ、サービス提供のためのプロセスに関する教育に重きが置かれてきた。特に、大学で「観光」や「ホスピタリティ」が冠されている学部学科においては、そもそも入学してくる学生たちが数字に対して強い拒否感を抱いていることが多いためか、カリキュラムに会計やファイナンスに関する科目がほとんど見られないケースも多いようだ。

　しかしながら、高等教育機関にこれから求められるのは、「いいサービスの提供ができる人材の輩出」だけではない。むしろ「いいサービスの提供をさせられる人材の輩出」なのではないだろうか。すなわち、将来的に部門マネージャーや総支配

人クラスを嘱望される人材の輩出を目指していく必要があると考えられる。

　現場でのサービス提供に関する教育については、わが国では専門学校が十分にその役割をはたしている。しかしながら、ホスピタリティ産業の特性も踏まえた経営管理については、専門学校、大学、ともに不十分であるという感が拭えない。欧米の著名なホスピタリティ研究・教育機関と比べてわが国の高等教育機関のプレゼンスがいまひとつなのは、数字も含んだ経営管理に関する領域の少なさによるのではないだろうか。

　このような問題意識のもとで、本書は執筆された。東京オリンピックに向けて、というよりも、観光立国の実現に向けてこれからの日本が進んでいくためには、本書の内容は最低限、現場の一人ひとりも含めて理解していけるようになって欲しいと考える。

　なお、第１章は徳江、第２章は長谷川、第３章から第７章は徳江、第８章は長谷川、第９章から第１６章は吉岡、第１７章は徳江と吉岡が担当し、全体の構成については徳江が担当した。

２０１４年３月　著者一同

目　次

はじめに………… *i*

第1部　ホスピタリティを数字でとらえる基礎理論　　*1*

第1章　ホスピタリティ産業とは？　　*3*
　　1：ホスピタリティ産業の位置づけ…………………………………*4*
　　2：サービス概念とホスピタリティ概念……………………………*5*
　　3：ホスピタリティ産業論……………………………………………*10*

第2章　会計の基礎　　*13*
　　1：会計とファイナンスがなぜ必要か………………………………*14*
　　2：財務諸表……………………………………………………………*15*
　　3：財務会計と管理会計………………………………………………*19*

第3章　ファイナンスの基礎　　*23*
　　1：ファイナンスとは…………………………………………………*24*
　　2：お金の還流…………………………………………………………*25*
　　3：企業価値……………………………………………………………*26*
　　4：時間価値……………………………………………………………*28*
　　5：宿泊産業を取り巻くファイナンスの実例………………………*28*

第4章　宿泊産業の部門とホテル企業会計　　*33*
　　1：宿泊産業における部門とは………………………………………*34*
　　2：所有、経営、運営…………………………………………………*36*
　　3：キャリアとの関係…………………………………………………*38*
　　4：ホテル企業会計……………………………………………………*38*

第2部 宿泊部門の会計　　*41*

第5章　宿泊部門のアウトライン　　*43*
　　1：宿泊部門の概略………………………………………………*44*
　　2：宿泊部門の内訳………………………………………………*45*
　　3：宿泊部門のポイント…………………………………………*45*

第6章　RevPARとADR　　*49*
　　1：RevPARとADRの概要……………………………………*50*
　　2：ホテルにおける事例…………………………………………*50*

第7章　レベニュー・マネジメント　　*57*
　　1：レベニュー・マネジメントの概略…………………………*58*
　　2：レベニュー・マネジメントの実際…………………………*59*
　　3：レベニュー・マネジメント導入のうえでの注意点………*65*

第8章　日本のホテル産業におけるレベニュー・マネジメント導入の実際　　*67*
　　1：はじめに………………………………………………………*68*
　　2：調査の方法および概要………………………………………*69*
　　3：調査結果および分析…………………………………………*70*
　　4：おわりに………………………………………………………*85*

第3部 料飲部門の会計　　*87*

第9章　原価計算の基礎　　*89*
　　1：レストランにおけるコスト…………………………………*90*
　　2：コストの分類…………………………………………………*92*
　　3：標準原価計算…………………………………………………*96*
　　4：実際原価計算…………………………………………………*103*

iv

第10章　配賦の計算と管理　　107

1：材料費 …………………………………………………… *108*
2：労務費 …………………………………………………… *111*
3：経費 ……………………………………………………… *114*
4：製造間接費 ……………………………………………… *117*

第11章　損益分岐点分析　　121

1：固定費と変動費 ………………………………………… *122*
2：損益分岐点分析 ………………………………………… *127*
3：利益管理 ………………………………………………… *132*

第12章　原価企画とその他の原価計算　　137

1：原価企画 ………………………………………………… *138*
2：活動基準原価計算 ……………………………………… *139*

第4部　ホスピタリティ産業におけるファイナンス　　151

第13章　キャッシュフローと貨幣の時間的価値　　153

1：収益・費用・利益 ……………………………………… *154*
2：キャッシュおよびキャッシュフロー ………………… *155*
3：キャッシュフローの算出 ……………………………… *156*
4：キャッシュフローによる投資案件の選択 …………… *158*
5：黒字倒産とキャッシュフロー ………………………… *159*
6：貨幣の時間的価値 ……………………………………… *160*
7：終価と終価係数・現在価値と現価係数 ……………… *161*
8：現価および現価係数の活用 …………………………… *164*
9：現価係数の応用（年金現価、永続価値） …………… *165*

第14章　投資の意思決定　　171

1：投資の意思決定に要する判断基準 …………………… *172*
2：埋没コスト ……………………………………………… *172*

3：機会コスト ……………………………………………… *174*
　　　4：固定費的キャッシュ・変動費的キャッシュ …………… *176*
　　　5：意思決定のさまざまな計算法 ………………………… *178*

第15章　リスクと資本コスト／企業価値　　　*183*

　　　1：リスク ……………………………………………………… *184*
　　　2：期待収益率 ……………………………………………… *186*
　　　3：資本コスト・割引率 …………………………………… *187*
　　　4：負債コスト ……………………………………………… *189*
　　　5：株主資本コスト・資本資産評価モデル（CAPM） …… *191*
　　　6：加重平均資本コスト（WACC） ……………………… *193*
　　　7：企業価値 ………………………………………………… *195*

第16章　ファイナンス政策と資金調達　　　*201*

　　　1：最適資本構成 …………………………………………… *202*
　　　2：利益還元政策（配当政策） …………………………… *206*
　　　3：資金調達 ………………………………………………… *208*

第17章　ファイナンスの応用　　　*213*

　　　1：ファイナンスのポイント ……………………………… *214*
　　　2：ホスピタリティ産業におけるファイナンスの方向性 … *215*
　　　3：ファイナンスの必要性と選択肢 ……………………… *217*
　　　4：航空会社におけるファイナンス ……………………… *220*
　　　5：サービス産業におけるファイナンス ………………… *222*

索　引………*226*

第1部
ホスピタリティを数字でとらえる基礎理論

第1章
ホスピタリティ産業とは？

この章では、本書全体の議論の前提となるホスピタリティ産業について考える。ホスピタリティ概念を正しく把握したうえで、ホスピタリティ産業とはどのような組織であるか、しっかりと認識していく。数字でホスピタリティを論じていくためには、まずはこうした前提を満たす必要があることに留意してほしい。

1：ホスピタリティ産業の位置づけ

　わが国では近年やっと一般的になってきたが、欧米、特に米国では昔から「ホスピタリティ産業」というものが明確に存在してきた。
　この産業カテゴリーには、ホテル、レストラン、ナイトクラブ、ケータリングといったビジネス・カテゴリーが含まれており、いわゆる「サービス産業」といわれるカテゴリーとはやや異なっている。すなわち、ホスピタリティ産業とは、宿泊、料飲を主軸として、それに関連する諸産業を包含するものである。
　なぜサービス産業とは異なる存在として認識されているかというと、この理解の前提としてホスピタリティ概念の理解が必要となるので詳しくは後述するが、たとえば情報サービスや通信サービスのような業種、あるいは百貨店などの小売業は、一般にサービス産業であってもホスピタリティ産業とはいわれないことに注意が必要である。百貨店も日本ではホスピタリティの代表格のように扱われることが多いが、この国を一歩出ると、このような観点はほぼ皆無となる。
　いずれにせよホスピタリティ産業とはサービス産業とも異なる概念であるということには注意してほしい。
　ただし、このように書くと、

　・サービスよりもホスピタリティの方が上位の概念である
　・心のこもったサービスのことをホスピタリティという
　・サービスはマニュアル的だがホスピタリティはそうではない

といった誤解を招き、そこからさまざまなサービス産業に対する間違った対応が生じるおそれがある。サービスは決してホスピタリティの下位概念でもないし、サービスよりもホスピタリティの方が上であるといったことも決してない。そしてもちろん、「おもてなし」がかなり近い概念であることは確かなのだろうが、イコールではない。このあたりを誤解すると、諸外国のホスピタリティ産業との競争の前提となる理論的把握が困難となり、わが国ホスピタリティ産業の弱体化にもつながりかねない危険性をはらんでいる。
　さらに、ホスピタリティに「心」の要素がやたら吹聴されるようになったためも

あるのか、
　「素晴らしいホスピタリティを発揮するためには、細かい数字のことなんて気にしていてはいけない」
などといった主張が、よりによってホスピタリティ産業の企業経営者によってなされることがある。これは、ホスピタリティ産業として事業を展開しているという状況を踏まえると、驚くべきことである。どんなビジネスであれ、数字が把握できない状況では健全な経営であるとはいえない。こうした主張は、バブル経済の頃まで右肩上がりに成長してきた中で、「たまたま」うまく経営できた経営者から時に聞くことがあるが、実際にはむしろホスピタリティ産業にこそ、製造業や商業などよりも数字で把握しなければならない側面が多くあるように思われる。そしてまた、こうした主張の裏側には、ホスピタリティ産業の一部企業で現実のものとなっている低賃金の「いいわけ」にもなっているように感じられる。
　実はこうした誤解をなくしていくことが本書の最大の目的でもある。ただし、ホスピタリティ産業のみに計数把握が重要だというのではなく、さまざまな事情から計数把握が軽視されかねない状況にあるのがホスピタリティ産業だ、ということになる。まとめると、

　・サービス産業とホスピタリティ産業との相違
　・ホスピタリティの方が上位であるといった誤解
　・ホスピタリティにおける数字の軽視

について注意しつつ、きちんとビジネスとして展開していくために必要な基礎的な諸理論について、以降で順次説明していく。

2：サービス概念とホスピタリティ概念

(1) サービス概念

　それではそもそもサービスとはいったいどのようなものなのだろうか。さまざまな論者が議論してきたが、本書においては、

・あるプロセスを経た結果を取引する際、われわれはそれを「モノ」としての製品ととらえ、あるプロセスそのものを取引する際、われわれはそれを「サービス」ととらえる

として把握したい。これは、田中・野村［1996］の定義をもとにして、やや簡略化して理解しやすくした考え方である。このようにしてサービス概念を把握すると、たとえば八百屋で

「お客さん、いつもありがとうございます。この大根、今日はサービスしておきますよ」

と言われた場合、ここで使われている「サービス」とは必ずしもサービス概念として用いられているのではなく、応用的な用法であるということが理解できるだろう。

　他にも、亀岡監修［2007］では、「人や組織がその目的を達成するために必要な活動を支援すること」、「必要な活動や機能を支援すること」（いずれも pp.25-26）というように、他の何らかの目的のための活動や機能の支援といった限定的な考え方もある。こうしたアプローチは、「ものづくりニッポン」の製造業至上主義的な前提から生じてきていると考えられるが、あくまでメーカーの販売活動の「支援」として行われるものがサービスであるという考え方である。

　しかしながら、支援のみがサービスであるというわけではないため、こうした考え方は本書では採用しない。

　さらに、サービスはラテン語の servos が語源となっているといわれている（塹江［2003］, p.29. など多数）。これは、「奴隷」や「戦利品として獲得した外国人」といった意味がある。そこからラテン語における奴隷を示す形容詞やその行動を示す動詞的な意味を持つ serbvitium を経て、現在の service になったという。また、同じラテン語の「仕える」といった意味を持つ servire を経て serve や servant となったという説もある。

　このような語源にまつわる話題をもつためか、最近では「サービスは奴隷的な奉仕である」という主張を目にすることがある。そして、この事実が、「だからこそ、これからはホスピタリティなのだ」と主張される根拠ともなったりする。

　しかしながら、20世紀以降、サービスを提供する側の労働者はサービスを享受する側でもあり、人種差別的・身分差別的な労働力の供給という前提が成り立たなくなっている。特に国民の過半数がサービスに従事しているという環境にある国々ではこの状態が当然のこととなっている。

過度に語源を重視しすぎてこうした主張をしてしまうと、今度は過度に顧客との関係で平等を目指す風潮が生じてしまい、顧客との関係がぎくしゃくしてしまうといった弊害が生じることがある。もちろん情緒的には主客が平等であることは素晴らしいことかもしれないが、現実にはなかなかそうもいかないところであろう。

(2) ホスピタリティ概念

　日本では、一般的に「おもてなし」という表現を用いられて理解されているホスピタリティであるが、本来的な意味はやや異なることに注意が必要である。それはなぜかというと、日本人がお客様のために精一杯「おもてなし」をしても、それが必ずしも「素晴らしいホスピタリティ」とイコールではないからである。

　それは、たとえばホスピタリティという言葉に関連する表現にはどういったものかを考えてみると分かりやすい。「ホスピタリティ精神」や「ホスピタリティ・マインド」といった心理的、精神的な要素もあれば、「ホスピタリティ産業」のようなビジネスで提供されている要素に関する要素もある。この辺りはさまざまな論者が議論を重ねてきているが、多くの論者に共通しているのが

・相互性
・互酬性

といった要素である。

　そもそもホスピタリティとは、旅人に一宿一飯の恩義を与えたことがそのはじまりであるという。ただし、ここで「恩義を与えた」と表現したが、必ずしも一方向的なものではなく、この行為によって旅人を通じて自身も巡礼をするのと同等の効果があったり、あるいは見知らぬ地の情報を得ることができたり、さらには珍しい異国の品々を手に入れられることもあったりしたようである。このような関係が生じていたことから、恩義を与える側であるhostと、恩義を受ける側であるguestとの、両方の意味を内包するhospitalityという言葉が生まれてきたという。

　こうした前提から相互性や互酬性といった意味が共通項として浮き彫りにされてきたのであると考えられるが、この点で見落とされてきた部分がある。それは、このhospitalityを日本語の「ホスピタリティ」としたとき、「おもてなし」の意味を付与してしまったために、行為的な側面が強く打ち出されてしまったということである。そのことがわが国におけるサービス提供プロセス上の「暗黙知が共有されることによる喜び」とあいまって、「無言のうちに」とか、「相手のためを慮って」といっ

た形で提供されるサービスを称賛する言葉として、盛んに用いられるようになってしまった。最近では「おもてなしの心」がホスピタリティであるというような解釈もあることからうかがえるとおり、ホスピタリティは行為ではない。

　ホスピタリティとは、むしろこうした2者間以上の関係における、関係性のマネジメントのことなのである。ただし、関係性のマネジメントという観点においては、他にもマーケティング論などもあるため、その相違点について明確にしておく必要がある。マーケティング論においては4Pを「統制可能要因」と称することからもうかがえる通り、確実な関係性のマネジメントを志向するのに対して、ホスピタリティからの関係性に対するアプローチは、むしろ不確実性というキーワードが重要になる。不確実な関係においてこそ、2者間にはホスピタリティが存在するという前提こそが、すべてのコアとなっているのである。

　たとえば、回転寿司でお客様は、目の前を流れている好きなネタが乗った寿司を、その下の皿の色や模様を踏まえつつ、自分の懐具合と相談しながら選択することになる[1]。しかしながら、銀座や六本木などにある「メニューのない寿司屋」においては、板前さんに「お任せ」で頼むことも多いだろう。「お任せ」でなくても、頼んだネタの金額をいちいち確認することもあまりしない。そういう意味では、前者においては店側とお客様側とのやり取りに社会的不確実性はかなり削減されているが、後者は社会的不確実性がきわめて高いといわざるをえない。ところが、恐らく後者のお店の方が、ホスピタリティを感じることは多いのではないだろうか。また、前者のお店でも板前さんとの「メニューにない」やり取りから、ホスピタリティを感じたりすることになるだろう。

　つまり、こうしたさまざまな不確実性が存在する状況において、いかに関係性をマネジメントするかがホスピタリティ・マネジメントということになる。

(3) サービスとホスピタリティ

　サービスがプロセスの代行であり、ホスピタリティが関係性のマネジメントであるということになると、これまでのサービスとホスピタリティに関するわが国の常識が覆ることになる。

　つまり、これまでの多くの論者は、ホスピタリティをサービスよりも上位的にと

---

[1]　いうまでもないことであるが、皿の色や模様が1皿の金額を表わしている。

らえているアプローチを採用し[2]、サービスとホスピタリティそれぞれに対して

サービス	：	関係的側面 ⇒	主人と奴隷という「関係」
ホスピタリティ	：	行為的側面 ⇒	「おもてなし」という行為

という視点で眺めていた。しかし、これがそもそも間違っているのである。つまり、service の語源については、その前提となっていた当事者間の奴隷的上下・主従関係ではなく、「プロセスの代行」、「財の機能がはたしうるプロセス」、といった要素が現代的解釈に強く影響を及ぼしているといえるだろう。

もちろん、サービスにおいては一時的であるにせよ、上下関係や主従関係が築かれることは事実であるため、そうした意味が全く含まれていないと主張するつもりは毛頭ない。だが、プライオリティの高さからいえば、あくまで（奴隷たちがはたしていた）プロセスの代行こそが、サービスの根幹をなす意味となる。

また、hospitality の語源についても、現在の hotel や hospital との関係を踏まえると、休息あるいは治癒や回復に際しての「主体間の関係性」といった要素が強く影響していると思われる。多くの日本人がホスピタリティに持つイメージである「おもてなし」も、実はあくまで主体間の関係性マネジメントの「一ツール」として位置づけられ、むしろ関係性のマネジメントこそが主たる要素であると考えられる。

すなわちサービスこそが「行為的側面」（または社会において、時代によっては奴隷がはたしてきた「機能的側面」）を、ホスピタリティこそが「関係的側面」を示しているのである。

○サービス	：行為的・機能的側面 ⇒ プロセスの代行
	（×関係的側面 ⇒ 主人と奴隷という「関係」）
○ホスピタリティ	：関係的側面 ⇒ 関係性のマネジメント
	（×行為的側面 ⇒ 「おもてなし」という行為）

こうしたことを踏まえると、現在の「サービス」とは一時的な上下・主従関係が

---

2 これが高じると「ホスピタリティ原理主義」（徳江［2012］より）となる。

構成されることに依拠した奴隷に類する意味を持つものではなく、あくまでその奴隷がはたした社会的な役割、すなわち、社会におけるプロセスの代行という機能や、その代行という行為そのものこそあると位置づけることができる。プロセスを代行する場合の機能的側面や行為的側面が、サービスという言葉に付随した現代における大きな意味となるのではないだろうか。あるいは、プロセスにおける関係的側面が、ホスピタリティに対する大きな意味ともなっているのではないだろうか。

3：ホスピタリティ産業論

一方、米国で Hospitality Management というと、こうしたホスピタリティの根源に目を向けるのではなく、ホスピタリティ産業という枠をはめたうえで、その経営上の諸問題のあぶり出しや対応について考察することが中心となる。これはわが国では「ホスピタリティ産業論」として体系化されつつある。特に米国留学経験のある研究者には、このスタンスをとるものが多い。

ホスピタリティ産業論においては、まずホスピタリティ産業とはなにかについて整理することからはじまる。

近藤［1995］では、「欧米では、ホスピタリティ・インダストリーとは、『飲む、食う、泊まる』を提供する飲食業とホテル業を意味し、ホスピタリティ・マネジメントとはそれらの産業の経営を意味するものとして定着している」（p.175）として、料飲サービス産業と宿泊産業に限定している。

福永・鈴木［1996］は、「観光産業（旅行と旅行関連産業）、宿泊産業、飲食産業、余暇産業、その他5つの特徴（高い＜選択性、代替性＞、低い＜必需性、緊急性＞、感じの良し悪しが決め手）を有する産業）」（pp.3-5）であると述べている。また並列して米国での定義として、「観光産業（Tourism Industry： 旅行、宿泊、飲食、余暇関連）、健康産業（病院、フィットネスクラブ他）、教育産業」（pp.3-5）であるとしている。

ホスピタリティ産業の定義について興味深いのは山上［2005］で、その定義に幅を持たせ、次のような4つに分けている（p.58）。

「最狭義」：飲食、宿泊業
「狭義」　：観光（旅行・交通・宿泊・料飲・余暇）産業、関連事業

「広義」：観光、教育、健康産業・関連事業
「最広義」：人的対応・取引するすべての産業とホスピタリティを媒介する産業

また、立教大学観光研究所［2008］においては、「ホテル、レストラン、インスティテューション（企業内給食、病院、学校の寮など）、フードサービス、クラブ」（p.3）であるとしている。

本場の米国ではどうだろうか。代表的なものを一つだけあげるとすれば、Powers & Barrows［2006］が「ホスピタリティとは、ホテルとレストランだけでなく、家から離れた場所において、身を守る場や食物、あるいはその双方を提供する組織である。（中略）プライベート・クラブ、カジノ、リゾート、その他の観光施設なども含まれよう」（p.4, 著者訳）と主張している。なお、彼らが同書において章として説明しているのは、料飲サービス、宿泊産業、旅行・観光産業、そしてその他のホスピタリティ産業についてである。

このように眺めてくると、ホスピタリティ産業の枠組みについては論者によって多少の相違があることがうかがえる。一方で、宿泊産業と料飲産業はほぼ必ず含まれ、旅行産業や観光産業、余暇関連産業、クラブ、カジノ、こうしたものを包含したリゾートなども含まれうることがうかがえる。

以上は産業として眺めた場合の分類であるが、ここで提供しているサービスの種類によって分類した場合には、宿泊、料飲を軸として、時間を過ごすためのサービス全般に関する理論体系が、ホスピタリティ産業論であるといえよう。

■参考文献

Powers, T., & C. W. Barrows [2006], *Introduction to management in the hospitality industry*, 8 th. ed., John Wiley & Sons, Inc., - Wiley service management series.

亀岡秋男監修，北陸先端科学技術大学院大学MOTコース編集委員会／サービスサイエンス・イノベーションLLP編集［2007］，『サービスサイエンス』エヌ・ティー・エス．

近藤隆雄［1995］，『サービス・マネジメント入門』生産性出版．

田中滋監修，野村清［1996］，『サービス産業の発想と戦略 -モノからサービス経済へ-(改訂版)』電通．

徳江順一郎［2012］，『ホスピタリティ・マネジメント』同文舘出版．

福永昭・鈴木豊編［1996］，『ホスピタリティ産業論』中央経済社．

塹江隆［2003］，『ホスピタリティと観光産業』文理閣．

山上徹［2005］，『ホスピタリティ・マネジメント論』白桃書房．

立教大学観光研究所編［2008］，『ホスピタリティ・マネジメント』，立教大学観光研究所．

第2章
会計の基礎

そもそもわれわれはなぜ会計を必要としているか、この点についての答えを正しく出せなければ、ホスピタリティを数字で把握することはできない。会計とファイナンスの存在意義について認識したうえで、財務諸表の構成、財務会計と管理会計という会計の2大領域について論じていく。

1：会計とファイナンスがなぜ必要か

　宿泊や料飲サービスというビジネスは一般に、企業によって提供されている。企業とは、利益を出すために資金を集めて作られる組織であるために、常に「お金」がつきまとっているといえる。

　こうした企業におけるお金を軸とした「成績表」を財務諸表といい、そこには企業の「成績」が記載されることになる。大学では保護者に直接成績表を送ることがある。これは、親が学生の成績を確認したいと考えるからであるが、これと同様に企業の利害関係者は、企業の成績を確認する必要が生じる。

　ここで、利害関係者とはいったいなんのことだろうか。一般に企業は、以下のような流れで事業が遂行していく。

　①出資者から資金を募る
　　　　↓
　②集まった資金で会社を設立する
　　　↓
　③事業を行う
　　　↓
　　………………

　そのプロセスにおいては、①の出資した出資者、それから③の事業遂行上必要となった資金を融通してくれる融資者、もちろん②や③で主体的な役割をになう経営者、さらには③の事業拡大とともに増えていく従業員、③事業が順調に進み儲かった場合には税務署、といった、多くの利害関係者が存在することになる（第3章も参照のこと）。

　利害関係者が多岐にわたるために、こうした「成績表」は一定の規則にしたがう必要が生じてくる。

　たとえば、公平に税金を納めてもらえるように、利益の算出の仕組みは一定の前提が必要とされる。また、出資者や経営者が成績表を企業ごとに比べられるように、各段階や部門ごとの利益の算出に関しても形式を揃える必要がある。そして、ホスピタリティ産業においては施設や設備の所有者と、実際にビジネスを展開する経営者、そして運営の指導やアドバイスを行ったりマーケティングを展開したりする運

営受託者と、多様な主体がかかわって日々の営業が行われるため、作られた成績表をもとにした資産額の査定も必要とされたりする。

いわば、さまざまな主体間の「共通言語」として会計やファイナンスが橋渡しをするということになるのである。宿泊産業では、所有と経営と運営とが分かれていることが多いが、そのために、その主体間の取引等に際しては、会計やファイナンスの理論に基づいたやり取りが必要とされることになる（図表2-1）。

図表2-1　宿泊産業の利害関係者を結ぶ会計・ファイナンス

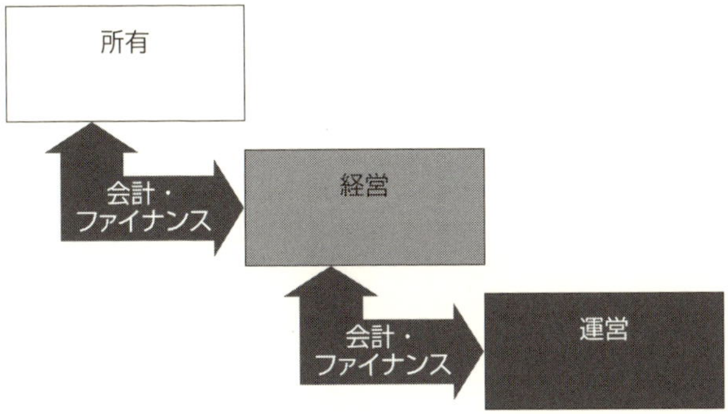

出典：著者作成

このような利害関係者間のやり取りにおいて、一般によく用いられているのが財務諸表（financial statements）である。

2：財務諸表

（1）財務諸表と基本財務諸表

経理部門では、一定期間における企業の経営活動の結果が儲かっているか、損しているかを計算し、報告する。また、企業には、所有する財産、銀行からの借金、企業の元手となる資本などがあり、経理部門ではこれらについても記録し、計算し、報告する。

報告をするにあたっては、決められた様式にもとづいた書類を作成する。このと

きの書類を、実務では、決算書、決算書類、計算書類、財務書類などということがあるが、会計学では財務諸表とよぶ。

財務諸表（financial statements）と複数形でよぶのは、複数の書類があることを意味する。日本の会計制度では、会社法、金融商品取引法、および、税法を中心とした法令によって成り立っている。それぞれの会計制度の目的が異なるため、その法令に基づいて提出する財務諸表の名称や種類、そして提出先も異なっている。

たとえば、会社法の制度では、貸借対照表、損益計算書、株主資本等変動計算書、および個別注記表（個別企業ごとであり連結ではないという意味の「個別」）を計算書類といっている。会社法では、計算書類を、定時株主総会に提出または提供し、定時株主総会で承認を受けなければならないと規定している。

また、金融商品取引法の制度では、有価証券届出書または有価証券報告書に含まれる財務計算に関する書類を財務書類といい、このうち、貸借対照表、損益計算書、株主資本等変動計算書、キャッシュ・フロー計算書、および、附属明細表を財務諸表といっている。金融商品取引法では、有価証券届出書および有価証券報告書は、内閣総理大臣に提出しなければならないと規定している。

企業の社会的な責任の一環として納税の義務がある。税務関係の申告をするときにも、法人税法などにしたがって、各年度の貸借対照表および損益計算書などにもとづいて納税額を計算する。

このように、財務諸表にはさまざまな名称と種類のものがあるが、このうち、貸借対照表と損益計算書は基本財務諸表といわれている。

(2) 損益計算書

企業が収益として売上を上げるためには、なんらかの費用が発生することになる。この売上と費用とを一定期間で集計して、損益、つまり利益または損失を計算する書類を損益計算書（profit and loss statement：P/L）という。損益計算書の基本的な例を示すと、図表2-2のとおりである。

P/Lは一定期間が単位となっているので、その期間を定める必要がある。基本的には1年間であるが、6ヵ月の半期や3ヵ月の四半期、あるいは1ヵ月の月次が用いられることもある。

図表 2-2 損益計算書の例

損 益 計 算 書

㈱Aホテル　2012年4月1日～2013年3月3日まで

（単位：百万円）

勘　定　科　目	金　　額
売　　上　　高	51,147
売　上　原　価	11,441
売　上　総　利　益	39,706
販売費・一般管理費	36,447
営　業　利　益	3,259
受　取　利　息	202
純　　利　　益	3,461

出典：著者作成

　また、P/Lにおいては段階を踏んで計算が行われる。商店などにおいては、売上からまず販売した商品を仕入れるのにかかった費用（売上原価）を引くことで売上総利益（商品売買益・粗利益）が計算できる。次に人件費や家賃、水道光熱費などのすべての費用を引くことで、純損益（純利益または純損失）を計算する。この方法を損益法といい、次項の貸借対照表から計算する財産法とは区別される。

　純損失が生じた場合には、特に符号はつけてないこともあるが、理解しやすくするために、金額の前に「－」をつけたり、「△」または「▲」をつけたりする場合もある。

（3）貸借対照表

　企業の諸活動には資金が必要であるため、設立時に資金を用意する必要がある。調達した資金は、さまざまなものの購入や活動にともなう費用の支払いにあてられる。このようにして購入されるものは多岐にわたるため、この状況を一覧的に示す必要が生じることになる。これが貸借対照表（balance sheet：B/S）である。

　B/Sの左側には、企業が所有する財産である資産を記載する。B/Sの右側の上部には、借入金や買掛金など、企業に返済や支払いなどの義務がある負債を記載する。B/Sの右側の下部には、企業の元手である資本金などの純資産を記載する。貸借対照表の基本的な例を示すと、図表2-3のとおりである。

　B/Sは、企業の一定時点における財政状態を示している。そこで、B/Sには、

どの時点で作成したのかという日付を明記する必要がある。一般には、企業が営業を開始した時点とその後の一定期間（基本的には1年間であるが、必要に応じて6か月、3か月、1か月）の期末に作成する。

B/Sの右側は貸方ともいい、元手である資本金や借入金など企業の経営活動に必要な資金の調達源泉を示している。一方、左側は借方ともいい、調達した資金をどのような資産として利用しているのかという運用形態を示している。調達した資金は、何らかの資産として運用している。調達した資金に余剰があれば、それは現金または銀行預金のままで残るから、調達した資金はすべて運用していることになる。したがって、資産の金額と、負債と純資産の合計金額とは等しい。これがB/Sの基本構造であり、次の式で示すことができる。

資産＝負債＋純資産

図表2-3　貸借対照表の例

貸借対照表

㈱Aホテル　　　　　2013年3月31日　　　　　　　　（単位：百万円）

資産	金額	負債・純資産	金額
流動資産	30,613	負債の部	18,431
現　金・預　金	22,150	流　動　負　債	8,269
売　　掛　　金	3,303	固　定　負　債	10,162
有　価　証　券	3,399	純資産の部	45,219
商　　　　　品	446	資　　本　　金	1,485
そ　　の　　他	1,315	その他の純資産	40,273
固定資産	33,037	当　期　純　利　益	3,461
有　形　固　定　資　産	20,936		
無　形　固　定　資　産	1,137		
投　資　そ　の　他	10,964		
資産合計	63,650		63,650

出典：著者作成

第2章　会計の基礎

3：財務会計と管理会計

(1) 会計情報とその利用者

　企業の経営成績と財政状態を報告するために作成した財務諸表は、企業の活動に関心をもつ人たちがどのように行動するかを決めるときに必要な情報を与える。財務諸表によって報告される情報は、会計システムが貨幣額で記録した数値であることから、会計情報とよばれる。

　会計情報の利用者としては、企業の経営管理者、株主、銀行・金融機関などの債権者、顧客などの消費者、政府機関など、企業の利害関係者があげられる。これらの会計情報の利用者のうち、企業外部の人たちは外部利用者とよばれ、この人たちのための会計情報を扱う会計の領域を財務会計という。一方、企業内部の経営管理者は、企業の経営に直接関係する内部利用者であり、この人たちのための会計情報を扱う会計の領域を管理会計という。財務会計と管理会計との区別は、会計情報の利用者による分類である。

(2) 財務会計

　財務会計（financial accounting）は企業外部の人たちに報告する会計情報を扱うことから、外部会計（external accounting）ともいう。財務会計情報は、主として企業外部の株主や債権者から資金を調達するために提供される会計情報である。財務会計情報の利用者は、不特定かつ多数であるため、社会的な合意を得た基準に沿って情報を作成しなければならない。そのため、一般に認められた会計基準が必要になる。

　日本の会計制度が、会社法、金融商品取引法、および、税法を中心とした法令によって成り立っていること、それぞれの会計制度の目的が異なるため、その法令に基づいて提出する財務諸表の名称や種類、提出先が異なっていることについては、すでに述べた。それぞれの会計制度では、財務諸表の用語、様式、作成方法などを規定しており、企業はその規定に従って財務諸表を作成しなければならない。

　また、法令どおりに財務諸表が作成されているかどうかについては、第三者からチェックを受ける必要がある。会社法では、計算書類などについて、監査役設置会

社は監査役の、会計監査人設置会社は監査役と会計監査人（公認会計士または監査法人）の監査を受けなければならないと規定している。また、金融商品取引法においては、公認会計士または監査法人による財務書類の監査証明を受けなければならないと規定している。会計制度では、監査という行為によって、財務諸表の質が会計基準どおりに作成されていることを保証している。

このように、財務会計は、法令による会計制度と密接にかかわっている会計の領域である。それは、企業規模が大きいほど、社会に与える影響も大きくなるために、企業の経営活動の結果を示す財務諸表に誤りや不正があってはならないからである。

なお、ホスピタリティ産業には、中小企業といわれる規模のものが多く、会社法の適用は受けるが経営者自身が株主であることがほとんどである。中小企業では、会社法の規定により、経営者が定時株主総会に計算書類を提出するが、株主から容易に承認を受けることができるという実情がある。そのため、中小企業の経営者の会計に対する関心は、どうしても税金に関する計算のほうに重点が置かれやすい。税金にかかわる会計の領域を税務会計という。税務会計は、国や都道府県・市町村といった地方公共団体に納める税額を計算することが目的なので、財務会計とは区別することが多い。

一般に「会計」というと、財務会計または税務会計のことを連想する人が多いのはやむをえないことである。しかし、企業内部でも会計情報を利用して業務を行っている人は多い。こういった会計情報の利用のしかたは、次に述べる管理会計の領域の議論となる。

(3) 管理会計

管理会計（management accounting; managerial accounting）は、内部利用者に経営管理のために必要な企業の経済活動に関する情報を伝達することを目的とした会計の領域であり、内部会計（internal accounting）ともいう。アメリカ会計学会の1958年度管理会計委員会も、「管理会計とは、一企業の歴史的および計画的な経営資料を処理するにあたって、経営管理者が、合理的な経営目的の達成計画を設定し、またこれら諸目的を達成するための知的な意思決定を支援するために、適切と思われる技術および概念を適用することである」と定義している（American Accounting Association, 1959, p.210）。この定義からも明らかなように、管理会計とは、企業経営あるいは経営管理者のための会計（accounting for management) という意味である。

　管理会計情報の特徴としては、財務会計情報のように法令などによって外部から課せられた規制がないことがあげられる。そのため、経営管理者は、必要とする情報の種類を自由に定めることができる。経営管理のためには詳細かつ複雑な情報が必要であり、その情報は企業ごとに異なる。したがって、管理会計情報を提供するシステムは個々の企業が独自に開発することになる。

　伝統的な管理会計情報は、製造業や製造部門の原価データを中心にとらえ、経理部門が作成していた。その管理会計情報は、トップ・マネジメントやミドル・マネジメントが経営上の意思決定を行うためや業績の管理をするために利用していた。そのため、会計情報は、企業組織の一部の人だけが作成したり利用したりするものと思われがちであった。

　しかし、情報技術（information technology：IT）の進展により、製造業や製造部門だけではなく、サービス／ホスピタリティ関連の企業や、販売部門・スタッフ部門なども含めたあらゆる組織のいたるところで管理会計情報を作成・利用することができるようになっている。企業組織の経営効率をあげるためには、経理部門・会計部門以外の人々にも、もっといえば企業の全構成員に会計の知識が必要になる。いまや、「営業部門にいるから会計はわからない」「人事部門だから会計は関係ない」という言い訳はきかず、「会計のわかる営業担当者」や「会計のわかる人事部員」が求められ、こういった傾向は、今後ますます強まることになる。

　また、トップ・マネジメントやミドル・マネジメントだけではなく、営業の最前線にいる人たちも、管理会計情報の作成をしたり、それぞれの持ち場での意思決定を行ったりするようになる。さらに、一人ひとりの従業員がコスト意識を持って仕事をするだけではなく、収益についても考慮し、収益から費用を差し引いた利益を管理するように心がけた業務遂行を行うことができるようになる。そうすれば、組織全体が効率よく仕事をすることができるようになるはずである。

　企業が激烈な競争を勝ち抜くためには、経営の効率性を追求しなくてはならないが、効率性の尺度のひとつとして用いられるのが会計情報である。企業の成否が最終的には利益やキャッシュ・フローといった財務尺度で評価されるようになりつつあり、経営管理において財務情報にもとづく意思決定や業績評価の必要性がますます高まり、管理会計情報もいっそう重要視されている。

　財務会計情報は、株主・債権者・政府機関などの外部への報告という役割が重要

である。しかし、経営活動をしっかりと管理しなければ、利益を生み出すことは難しい。管理会計情報は、経営活動の計画と統制に役立つという点で重要な役割をはたしている。

■参考文献

American Accounting Association, Committee on Management Accounting [1959], "Report of Committee on Management Accounting," *The Accounting Review*, Vol. 34, No. 2, April, pp. 207-214.

第3章
ファイナンスの基礎

会計の基礎を身につけたら、次はファイナンスの基礎についても把握していく。ファイナンスは大きく分けて、資金調達や資金管理といった側面の他にも、価値という側面から眺めることもできる。こうしたファイナンスに対する考え方を、宿泊産業の事例について参照しつつ理解を目指したい。

1：ファイナンスとは

「ファイナンス」と聞いて、皆さんはどのようなことを思い浮かべるだろうか。「ファイナンス」および「finance」を辞書で調べてみると、次のように説明されている。

「1.財源。資金。2.財政。財政学。3.金融。融資。資金調達。」（デジタル大辞泉）、
「①事業などを行うために必要な金。資金。財源。②事業や活動を行う資金の調達や管理。財政。財務。③資金の供給。金融。融資」（大辞林 第三版）
「1.財源、歳入、収入、資金、金回り。2.財務、財政、財政管理、金融；財政学」
（プログレッシブ英和中辞典（第4版））

こうした表記からもわかるように、ファイナンスは少なくともお金に関係があるということがわかる。

企業におけるお金に関する機能（または部署）には、一般的に「会計（Accounting）」と「財務（Finance）」という2つ（あるいは2種類）の機能がある。それぞれについてごく簡単に説明すると、「会計（Accounting）」では資本の増減等を評価・計算・報告する。よく知られている簿記は、この「会計（Accounting）」の一機能ということができる。

一方で「財務（Finance）」は、資本を調達することや運用することが主な機能であり役割である。これらの対比から、「財務（Finance）」によってお金を調達・運用し、「会計（Accounting）」によってその評価・記録・報告を行うということがわかる。しかし、もちろん「財務（Finance）」において記録や報告が行われないというわけではなく、「会計（Accounting）」がお金の調達・運用にまったくノータッチというわけではない。これら両者が一体となって、企業のお金のいわば「面倒を見ている」のである。

2：お金の還流

　企業の設立は、お金の調達から始まる。起業する人が「他者からの資金援助なしに自己資金のみで起業した」ということがあるが、この場合であっても企業は、起業した人からお金を調達したのである。起業者と企業の財布は別ものである。

　企業は調達したお金を、さまざまな方法で運用する（使う）。たとえば何らかの設備を購入したり、売るためのモノ（商品や原材料）を仕入れたり、ヒト（従業員）を雇うことで給料を支払ったりと、お金を使う方法は多様にある。それらすべてが、企業にとってのお金の運用である。ある場合には、企業はお金を使って他社の株式を購入したり、債券（国債、地方債、社債など）を購入したりするかもしれない。これもお金の運用方法ということができる。これら運用のためにお金を使うことを、資金を投下するとか、投資するなどという。

　お金を使うからには、その見返り（リターン）を要求する。ヒトのために使うお金に対しては、そのヒトの労働力をリターンとして求めるだろうし、モノ（商品）を仕入れるためのお金に対しては、そのモノを売ることによってリターンを得なければならない。モノ（原材料）を仕入れるために使ったお金に対しては、その原材料から製品を作り、それを売ることでリターンを得る。

　得たリターンは、分配されることになる。設立においてお金を提供（出資・投資）

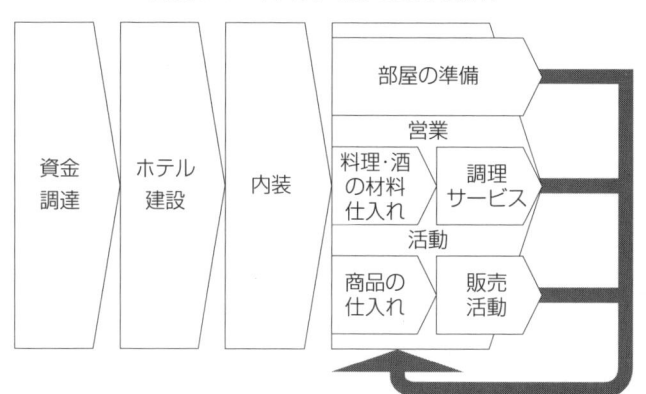

図表 3-1　ホテルにおけるお金の流れ

出典：著者作成

してくれた相手に対する分配（配当）、金融機関がお金を提供（貸付）してくれたのであれば利息、そして自企業に蓄積することも忘れてはならない。自企業に蓄積したお金は、次の投資の源泉となる。

このようにしてビジネスにおいてはお金が還流しているということがわかるだろう。このようなお金の流れを適切にマネジメントし、自企業にとってより有利な状況を生み出すことによって、自企業の価値を向上することこそ、「財務（Finance）」の目的ということができる。

お金の流れをホテルの例で示すと図表 3-1 のようになる。

また、このホテルがチェーン展開していくとすると、図表 3-2 のようになる。

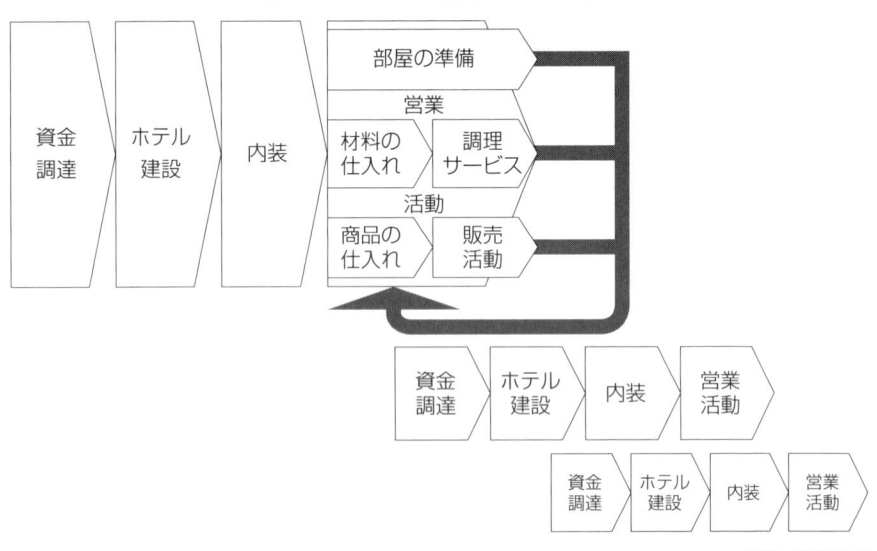

図表 3-2　チェーン展開時のお金の流れ

出典：著者作成

3：企業価値

では、「企業価値」とは何だろうか。文字どおり「企業の価値」であることには違いがないが、では、なにかの「価値」というときに、あなたはどのようなことを思い浮かべるだろうか。

第3章 ファイナンスの基礎

　たとえば、いま、目の前に「物価の優等生」とよくいわれる卵が売られているとする。この卵1個あたり、あなたならいくら払えるだろうか。ある人にとっては10円前後かもしれないし、100円を支払うという人もいるだろう。これは、買う個人が卵について感じる「価値」によって決まるといえる。

　では、この卵が烏骨鶏のものであれば、また、味付けゆで卵であれば、どうだろうか。目の前にある卵の「価値」が変わるのではないだろうか。この場合、買う側が感じる「価値」の違いとともに、目の前にある卵そのものに、いわゆる普通の生卵とは違う「価値」があるといえる。

　このように「価値」といっても、きわめて漠然としているといわざるをえない。では、ここで問題にしている「企業価値」とは、どのようなものであろうか。

　ある企業に対しての視点はさまざまである。その企業で働いている従業員、その企業の経営者、その企業に出資している立場の人あるいは企業（出資者）、その企業にお金を貸し付けている金融機関、その企業から税金を徴収している国や地方自治体など、多くの関係者（ステークホルダー：利害関係者）が企業をとりまいている。それらステークホルダー全体に共通する「企業価値」となると、定義が難しい。なにをもって「価値」とするかが立場によって異なるからである。

　そこで、ファイナンス論を学ぶに際しては、以下のような考え方を持ってもらいたい。すなわち、「企業価値」とは、「企業が保有する資産の市場価値」であり、ここにいう「資産の市場価値」とは「事業資産」すなわち「企業が運営する事業を統合したもの」と「非事業資産の時価」の合計であり、また、「負債と株式市場価値の合計」であるという考え方である（グロービス経営大学院［2009］より）。

　詳しい説明は後の章にゆだねるが、ごく簡単な言葉でこれを表すならば、「その企業を売却する際の売却価格」ということができる。企業は今や、売買される対象である。M&A（企業の買収・合併）についてのニュースが頻繁に公表されるのを目にするだろう。その際、当然のことながら売買には価格がつけられる。その価格が「企業価値」ということができる。企業売買の価格は、単にその企業が保有している資産の価格というわけではない。保有している資産が将来どれほどの価値を生み出すかが勘案される。この点についても、後の章でくわしく説明することにする。

4：時間価値

「今すぐに、あなたに100万円を差し上げます」と言われたとしよう。その相手は信頼できる人である。続けてその人は、「でも1年後であれば、あなたに110万円を差し上げます」と言ったとする。この1年後に関する約束は、何があっても確実に守られるという前提条件があるとしたら、今の100万円と1年後の110万円、あなたはどちらを選ぶだろうか。

この選択は、個人のおかれている状況によって異なるだろう。今すぐ100万円を必要としているのであれば、前者を選択するだろうし、特に今は必要ないということであれば、後者を選ぶかもしれない。

お金の価値は、時間の経過によって変化する。たとえばインフレが続けば、今であれば100万円で買えるモノを、1年後には同額で買えなくなるだろう。また、今100万円を銀行に預金すれば、1年後には（わずかながらの）利息を受け取ることができ、よほどのことがない限り銀行残高は増えているだろう。さらに、銀行預金によって1年後に100万円を受け取りたいのであれば、今すぐに預金する金額は100万円より（わずかながら）少ない額で事が足りるはずである。このように、お金の価値と時の経過は密接に関連しており、ファイナンス論ではこの点を考えないわけにはいかないのである。

5：宿泊産業を取り巻くファイナンスの実例

このように、宿泊産業においては会計と同様にファイナンスも大変重要なものであるといえる。いずれにせよ、ファイナンスには「資金調達」「資産評価」の両面があり、その双方が宿泊産業のビジネスと密接な関係を持っているという点に注意が必要である。

本章の最後に、宿泊産業を取り巻く近年の事例について紹介しておく。

わが国を代表する宿泊施設の1つである帝国ホテルは、長らく国際興業が筆頭株主であったが、2004年にその国際興業をサーベラスが買収したことによって、大きな変化がおとずれることになった。しかし一方で2007年、国際興業が所有

していた帝国ホテル株が三井不動産に売却されたことで、むしろ再び安定的な所有を志向する筆頭株主が出現したと考えられる。ただし、不動産会社が筆頭株主になったということは、超一等地である同ホテルの土地をめぐった再開発が企てられているとのうわさもあり、今後の動きに目が離せない状況ともなっている。なお、国際興業は富士屋ホテルの経営に携わっているほか、海外のハワイを中心としたいくつかのホテルにもかかわっている。そして、サーベラスは西武ホールディングスを通じてプリンスホテルの経営にも関与していたが、西武ホールディングスの上場にともない株式の多くを手放し、また、国際興業株も同社創業者一族に売却することになった。

一方、関西の雄であるリーガロイヤルホテルでは、2006年に同じく大手不動産会社である森トラストが、第三者割当増資により40％の筆頭株主となった。しかしながら2011年、森トラストは所有株をアサヒグループ・ホールディングス（アサヒビール）などに売却した。

他にも、米国の企業再生ファンドであるローンスターによるソラーレ・ホテルズ・アンド・リゾーツや、ジョージ・ソロスとウェストモント・ホスピタリティ・グループによるイシン・ホテルズ・グループなど、ファンドによるホテルの所有や経営も盛んである。

このように、わが国のホテル企業株の所有者はめまぐるしく変化したここ数年であったが、もっともダイナミックな動きだったのは、航空会社系であった全日空ホテルをめぐる動きである。

全日本空輸（以下、「全日空」という）は、1973年に設立した子会社の全日空エンタプライズによってホテルを展開していた。かつては日本国内だけでなく、就航地を中心として世界中に運営受託を軸としたチェーン展開を行っていたが、特に海外のホテルに不採算の施設が多くなったために、1999年からの全日空の中期経営計画で、海外ホテル事業の縮小と全日空エンタプライズに残された各ホテルの所有、経営を含む運営全般について、分割して別会社に移管させ、全日空エンタプライズは2003年9月に解散した。

そして、2005年頃から全日空はホテル事業について他者への売却を検討するようになり、2006年に、全日空とIHGとの共同出資（IHG74％、ANA25％、その他1％）で、IHG・ANAホテルズグループジャパン合同会社（以下、「IHG・ANA」という）が誕生した。それまでの全日空のすべての直営ホテルとMC（マネ

ジメント・コントラクト)、FC(フランチャイズ・チェーン)ホテルの運営を引き継ぎ、同時に各ホテルは ANA インターコンチネンタル、ANA クラウンプラザにリブランドされた。

まず、2007 年に東京全日空ホテルが ANA インターコンチネンタルホテル東京にリブランドされ、続いてストリングスホテル東京がストリングスホテル東京インターコンチネンタルにリブランドされた。また、大阪全日空ホテルや金沢全日空ホテル、富山全日空ホテルなどはそれぞれ、ANA クラウンプラザにリブランドされた。

同年には、全日空が子会社を通じて直接的に近い形で経営されていた 13 ホテル(東京全日空ホテル、ストリングスホテル東京、成田全日空ホテル、千歳全日空ホテル、札幌全日空ホテル、富山全日空ホテル、金沢全日空ホテル、大阪全日空ホテル、広島全日空ホテル、博多全日空ホテル、万座ビーチホテル&リゾート、沖縄ハーバービューホテル、石垣全日空ホテル&リゾート)の不動産物件と経営会社が、モルガン・スタンレーに売却されることになった。売却金額は 2,813 億円と報じられている。

この売却によって全日空は簿価との差額を 1,000 億円以上産み出したことになり、この資金をもとにして新型航空機購入などに充てることができるようになった。

次に海外の事例も 1 つ紹介しておこう。

現在、世界最大級のホテルチェーンとなっているスターウッド・ホテルズ・アンド・リゾーツ・ワールドワイド(以下「スターウッド」という)の歴史は、創業者のバリー・S・スターンリヒトが、複数の投資家の資金をもとにスターウッド・キャピタル・パートナーズ(以下、「スターウッド・キャピタル」という)を 1991 年にシカゴに設立したことに遡る。1993 年にスターウッド・キャピタルは最初のホテルを購入したが、1994 年までに 30 軒以上の物件の株式を保有することになる。

スターウッド・キャピタルは、本来は所有しつつ運営の併営をすることが認められていない REIT で、その例外として存在していたホテル・インベスターズ・トラストを 1995 年に買収し、スターウッド・ロッジングと名称が変更された。

1997 年 9 月、スターウッド・ロッジングは、ウェスティン・ホテルズ&リゾーツを 18 億ドルで買収することに合意したと発表したが、さらに同年 10 月には、ITT シェラトン・コーポレーションを 143 億ドルで買収することに合意したと発表した。これによりスターウッドはグローバルな存在として脚光を浴びるようにな

る。

　1998年1月、スターウッド・ロッジングはウェスティン・ホテルズ＆リゾーツを買収した。これに伴いスターウッド・ロッジングは社名をスターウッド・ホテルズ＆リゾーツに変更することになる。翌2月にはITTシェラトン・コーポレーションの買収も完了した。同年12月、自社開発のデザイン・ホテルである新ブランドのWホテルもニューヨークに開業した

　2005年11月には約2億2500万ドルでル・メリディアンを買収し、新ブランドとして2006年にアロフトが、2008年にエレメントが誕生している。

　スターウッドの成長には、投資のための原資を集めうる「器」であるREITに集められた投資家の資金であった。それをホテルに集中して投資することで、世界最大級のホテルチェーンを構築し、顧客の囲い込みに成功した。

　日本における旧全日空ホテル取り巻く変化や、現在、世界最大のホテルチェーンであるスターウッドの例を見ると、やはりファイナンスに対する理解はこれからのホスピタリティ産業界でも欠かすことができないことが理解できるだろう。

■参考文献
　グロービス経営大学院編著［2009］,『［新版］グロービスMBAファイナンス』ダイヤモンド社.
　徳江順一郎［2013］,『ホテル経営概論』同文舘出版.

第 4 章
宿泊産業の部門とホテル企業会計

ホスピタリティ産業における会計のポイントは、ホテルに代表されるように、異なる部門が同じ企業体のもとで営業活動を行っていることにある。そこで、ホスピタリティ産業の代表格たる宿泊産業の部門について把握したうえで、次章以降の個別部門ごとの理論展開に備えていく。

1：宿泊産業における部門とは

　ホテルや旅館といった宿泊産業は、「泊まる」ための機能以外にも「食べる」、「飲む」、「癒す」ための機能もはたしている。こうした各機能は、職能的にもサービス提供のプロセス的にも特性が異なるために、一般に部門で分けられることが多い。
　米国のホテル会計基準としてわが国でも広く知られているUSALI（Uniform System of Accounts for the Lodging Industry）をもとにしてホテルの部門を分けると、まず実際のサービス提供を行うライン部門と、バック・オフィスに相当するスタッフ部門とに分けることができる。そして、ライン部門については宿泊、料飲、その他の部門に分けることができる（図表4-1）。

図表4-1　代表的なホテルの部門

```
                総支配人
                   │
       ┌───────────┴───────────┐          スタッフ部門  ┌─ 一 般 管 理 部 門
   ライン部門                                            ├─ 販売・マーケティング部門
       │                                                ├─ 施 設 運 営 維 持 部 門
  ┌────┼────┐                                          └─ その他のスタッフ部門
 宿泊部門 飲料部門 その他の営業部門
```

出典：長谷川［2012］をもとに一部著者改変

　ここでの宿泊部門には、宿泊にまつわるサービスの提供を行うさまざまな仕事が含まれている。料飲部門には、レストランやバー、ラウンジなどが含まれている。その他の営業部門には、電話などの通信、ゴルフコース、スパ、駐車場があればその利用料金などが含まれている（長谷川［2013］より）。また、スタッフ部門はサービス業以外の他の業種でも共通する仕事が含まれている。
　こうした部門に分けた場合の損益計算書は、図表4-2のようになる。
　ただし、この部門分類はあくまで、米国での宿泊産業であるホテルとモーテルをモデルとしたものであり、そのままわが国の宿泊産業にあてはめるのは困難である。たとえば、日本のホテルは宿泊や料飲とならび、宴会部門の売上がかなり大きく、これを「その他」でまとめてしまうのは無理がある。また、旅館については、宿泊と料飲とが渾然一体となってサービス提供が行われるのが通常であり、これを部門として分けることがそぐわないケースも多い。

第4章　宿泊産業の部門とホテル企業会計

図表4-2　USALIの損益計算書のイメージ

	合計	客室部門	料飲部門	その他部門
売　　上　　高	4,000,000	2,800,000	1,000,000	200,000
部　門　費　用	1,580,000	1,200,000	300,000	80,000
部　門　利　益	2,420,000	1,600,000	700,000	120,000
配賦不能営業費用	900,000			
営　業　総　利　益	1,520,000			
マ ネ ジ メ ン ト 料	152,000			
固定費控除前利益	1,368,000			
固　　定　　費	520,000			
営　業　純　利　益	848,000			
差引：更新積立金	300,000			
調整後営業純利益	548,000			

出典：長谷川［2013］をもとに一部著者改変

　さらに、近年成長著しいアジアの宿泊施設においては、エステやスパなどの「癒し」部門の売上もかなりのものであり、この部門も分けた方がいいのではないかといった視点も存在する。
　こうした現状を踏まえて宿泊産業の部門を検討すると、図表4-3のようになる。

図表4-3　部門別組織編制図案

```
総支配人
├── スタッフ部門 ─┬─ 一般管理部門
│                 ├─ 販売・マーケティング部門
│                 ├─ 施設運営維持部門
│                 └─ その他のスタッフ部門
└── ライン部門 ─┬─ 宿泊部門
                ├─ 飲料部門
                ├─ 宴会部門
                ├─ 癒し部門
                └─ その他の営業部門
```

出典：長谷川［2012］をもとに一部著者改変

　ただし、図表4-3のように、ライン部門に多く配置するスタイルは、必ずしも管理上適切ではない場合もあるだろう。その点でこの組織編制については議論の余

地が残っていると考えられる。ただし、そのような場合には、自社に必要のない部門については割愛し、その他に組み込む形での対応も考慮されるべきと思われる。

なお、一般に英語圏においては Rooms Division という用語が用いられることから、日本語では「客室部門」と呼ばれることも多い。しかしながら、この部門にくくられるサービス提供機能は、客室内で提供されるサービスのみにとどまらず、フロントやコンシェルジュなども含むため、本章においては「宿泊部門」の表記で統一する。

2：所有、経営、運営

一般の企業においても、「所有と経営の分離」は進んでいるが、宿泊産業においては「所有と経営と運営の分離」が進んでいる。

「所有」とはいうまでもなく、その宿泊施設の土地や建物の所有者である。土地と建物とは異なっていることもある。また、建物の所有についても、躯体の所有者と内装の所有者については異なっていることもある。その相違によって、修繕の責任の所在や内装のリノベーションの可否などが変わってくることになる。

「経営」とは実際にそのホテルの従業員を雇用し、サービスの提供を行なっている主体のことである。ホテルや旅館の経営そのものに関係する黒字赤字といった経営上のリスクもここが負うことになる。一般に当該施設に勤める、あるいはアルバイトをするという場合には、ここから給料をもらうことになる。

「運営」とは、予約システムを通じたマーケティングやブランド名の付与、運営責任者・部門責任者の派遣ということになる。運営という表現だけだと「日々のサービス提供」といった方向での勘違いをしやすいので、「運営アドバイス」や「運営受委託」といった表現を用いた方がより的確であると考えられる。

宿泊産業の黎明期においては、所有と経営と運営とは分離していないケースがほとんどであったが、チェーン化の進展や多様な事業者がホテルに参入してきたことによって、専門分化していったといえるだろう（図表 4-4）。

ところが近年では、この状況に拍車がかかっている。たとえば、ホテル A の所有は所有会社（ア）、経営は経営会社（キ）、運営の受託は運営会社（ク）、ホテル B の所有は所有会社（カ）、経営は経営会社（イ）、運営の受託は運営会社（ク）、…となっ

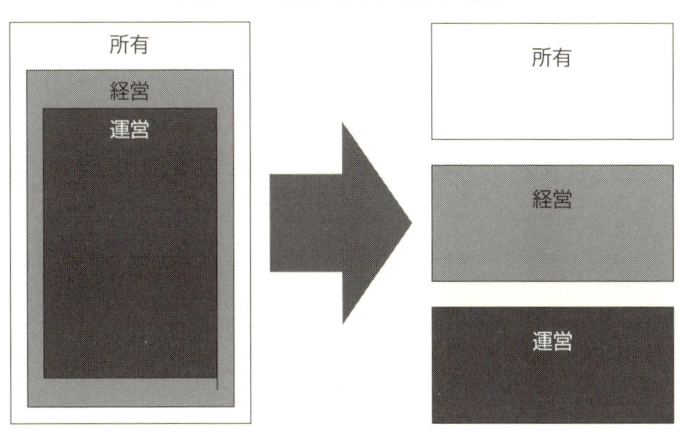

第 4 章 宿泊産業の部門とホテル企業会計

図表 4-4　所有と経営と運営の分離

出典：著者作成

ている状況において、同じブランド名のいくつかのホテルを、他の所有、他の経営が行っている状況までも生じてきているからである（図表 4-5）。

　この全体像を把握していなければ、宿泊産業の全体像を理解したことにはならないので注意が必要である。

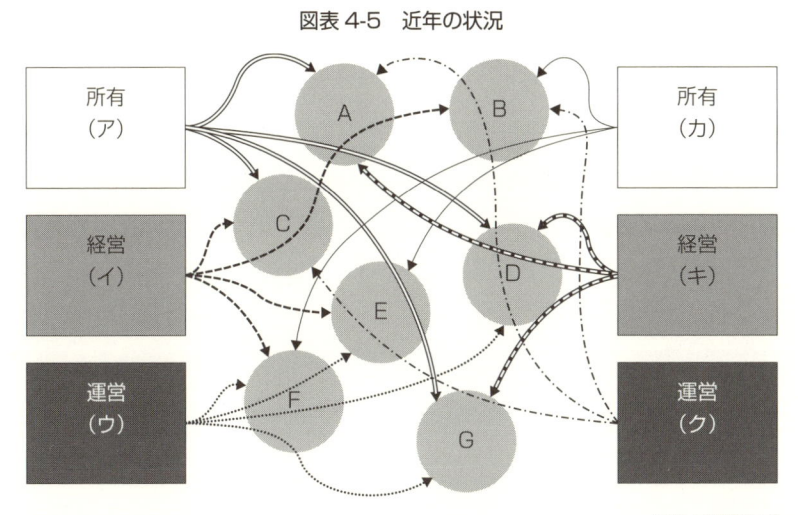

図表 4-5　近年の状況

出典：著者作成

3：キャリアとの関係

　宿泊産業の黎明期は、当然のことながら所有、経営、運営が分化しておらず、単一の企業によってすべてが行われていることがほとんどであった。今でも比較的歴史のあるホテルやわが国固有の宿泊施設である旅館では、このような形態がきわめて多い。このような所有、経営、運営が一体となっている宿泊施設では、基本的にその会社に入ると、以下のようなキャリアが基本となる。

　20代　：　現場
　30代　：　係長・主任
　40代　：　課長・部門マネージャー
　50代　：　部長・役員（一部総支配人）
　60代　：　社長・総支配人

　しかしながら、所有、経営、運営が分離した近年の宿泊産業においては、たとえば同じ「ホテルの仕事」といっても、所有と経営と運営とでは、権限も裁量も、さらには責任も大きく異なることになる。

　施設や設備の所有主体は不動産会社であったりファンドであったりすることが多く、日々の営業に責任を持つ経営主体はまさに「ホテルに入社する」という感覚に近いだろう。一方で運営主体には新卒で入社するということはあまりなく、経営主体から移っていくというようなパターンが多いようである。

　ここで、経営主体の一社員からマネージャークラスになるために、あるいは経営主体から運営主体に移管して、総支配人クラスになるためには、当然のことながら現場での仕事を学びつつマネジメント能力を養い、組織のマネジメントを行う能力が求められることになる。また、所有主体での仕事では、資産価値評価の能力が前提となり、むしろ一般の不動産会社と大差ない。

4：ホテル企業会計

　宿泊施設を企業として考えた場合には、設立時・創業時の資金調達上のファイナンス面に関する考慮とともに、他施設の買収時にも同様の点に注意が必要である。

特に近年は、破たんした施設の再生を手がけるケースが多くなってきているので、このようなファイナンス面での研究についても今後は多くが求められてくることになると考えられる。

また、宿泊施設は日々の運営における多部門の同時並行的営業や、24時間365日体制での営業といった、他の諸産業とは異なる特性も内包している。そのために、一般的な会計やファイナンスの知識だけでは対応しきれない側面もある。

なお、前述したとおりホスピタリティには不確実性がともなうことが前提となる。そこで、だからこそ逆に会計的、ファイナンス的な数字の裏付けが必要ともなるということは忘れてはならない。

いずれにしても、「採算を度外視しても、いいサービスを提供してさえすればお客様はついてくる」といった情緒的な対応では、もはや国内はおろか、海外の企業との競争にはとても太刀打ちできないのが現状である。そのためにも、わが国でもより一層の会計やファイナンスに対する研究と教育が求められてくることは自明であろう。

以上の前提を踏まえ、本書においては、ホスピタリティ産業の代表格である宿泊産業でも、特に中核であると思われる宿泊部門と料飲部門について重点的に解説していく。

■参考文献

長谷川惠一[2012],「サービス/ホスピタリティの会計」,徳江順一郎編著[2012],『サービス&ホスピタリティ・マネジメント』第9章,産業能率大学出版部.

長谷川惠一[2013],「「宿泊施設の統一会計報告様式」にもとづいた管理会計情報の利用可能性」,『早稲田商学』第434号,早稲田商学同攻会.

第2部
宿泊部門の会計

第5章
宿泊部門のアウトライン

宿泊部門はホテルの根源的な部門である。この部門のことは「客室部門」と呼ばれることもある。宿泊部門を理解するためには、客室ごとのグレードがあるという点について目を向ける必要がある。そしてこのグレードは、ホテル自体のグレードとも関係する。さらに、グレードによって設備が変わるため、コストも変化するという点を忘れないで欲しい。

1：宿泊部門の概略

　第4章で述べたように、ホテルや旅館といった宿泊産業は、その商品特性に応じて宿泊、料飲、宴会、癒しといったさまざまなサービスを同時並行的に24時間365日体制で提供している。その中でも、宿泊部門は宿泊産業のコアたる存在といっても過言ではない。なぜならば、「宿泊部門のない宿泊施設」などはありえないからである。

　さて、このような存在である宿泊部門だが、その業務も単純ではない。フロントではチェックイン、チェックアウトが行われ、客室のアサインもなされることがある。コンシェルジュはお客様のさまざまな欲求に応えるべく奔走する。もちろん客室の清掃やアメニティ類の補充、ベッドメイクといった客室内の整備もある。

　こうした宿泊部門での注意点には、宿泊料金や、場合によっては宿泊料金と館内で消費した飲食などの料金とを、チェックインまたはチェックアウト時に現金またはクレジット・カードで支払ってもらうスタイル以外にも、多様な決済手段があるということである。

　利用後に請求書を送って振込で決済するスタイルもあれば、お客様は既に旅行会社などに支払っている場合もある。あるいは、予約した時点でお客様は宿泊料金を支払ったが、予約を取り消したとしても支払額全額がキャンセル料として宿泊施設に入ってくることもある。逆にチェックアウト時の支払いから逃げてしまうスキッパーと呼ばれる存在までおり、こうした行為が発生した場合には、特別な会計処理が必要とされる。

　このような多様な決済方法が存在するが、近年の宿泊施設では情報化が進んでおり、いちいち手書きで伝票を起こして会計処理を行うスタイルはほとんど見かけなくなってきている。こうしたことを可能とする予約システムは、客室のアサインや会計システムなどとも連動しているうえ、レベニュー・マネジメント（詳しくは後述する）の機能も付帯していることがあり、かつての状況に比べると大いなる省力化が進んでいる。

2：宿泊部門の内訳

　この部門での支出項目の大きな割合を占めているのは給料、賃金および賞与といった人件費である。フロントや予約、客室清掃、あるいはコンシェルジュなどがここに計上される。なお、料飲部門とは異なり、原価はないという考え方が一般的である。
　その他の費用としては、客室に置くためのアメニティグッズや備品類、業務遂行に必要な文具類などの関連費用が細かく分かれている。必要十分なものが用意されているか、的確に管理することが求められる。
　施設によっては、ハイグレードなフロアや別館を用意して、そこでのアメニティ類は一般の客室とは異なるものを用意している場合もある。このようなケースではその客室群のためにもアメニティ類を揃えておく必要があるため、さらに管理対象が増えることになってしまう。
　さらに、テーマで分けた客室を用意した場合などは、この点についての配慮がより一層必要とされることはいうまでもない。たとえば、三井ガーデンホテル上野では、上野という場所にちなんで「パンダルーム」というテーマの客室を設けている。このタイプの部屋には、ベッドスルーやクッションからコーヒーカップ、バスルームのシャワーカーテン、そしてもちろんアメニティ類と、ありとあらゆるところにパンダを配している。このような特別な客室を用意した場合にも、当然のことながらその分の費用がかかることになるが、一方で売上が見込める場合には、その費用を賄って余りあるリターンが生じることもあり、この辺りは判断が難しいところとなるだろう。

3：宿泊部門のポイント

(1) 客室のラインナップと構造

　お客様が宿泊するための客室は、ホテルでも旅館でも、一般クラスであれば1部屋によって構成されるのが基本である。
　ホテルの場合、もっとも安価なタイプの施設では10m² 前後のものから、ラグジュアリー・クラスでは最低でも40m² 以上の専有面積を確保しているケースま

でさまざまである。この専有面積の範囲内で、ベッドのスペース、ソファや椅子とテーブルや机が置かれたスペース、そしてバスタブ、シャワー、トイレなどのあるバスルームのスペースなどが配置される。バスルームにはラグジュアリー・クラスではバスタブとは別にシャワー・ブースが設置されることも多い。

　旅館ではもっとも小さなところでも6畳程度の広さが確保されている。ただし、この価格帯では大浴場のみならずトイレも共同となるのが一般的である。最近の標準的なスタイルは、8畳〜12畳程度のスペースに広縁がついていて、トイレと簡単なバスルームもついているというものである。

　そして、ホテルや旅館によっては、スタンダードクラスより上級の部屋が何段階か用意されていることもある。この場合には一般に、客室の広さ、客室内の部屋数などでグレードが分かれることになる。ただし、それと同時に付帯サービスも増えていくことが多い。たとえば、ホテルによくあるのが専用のラウンジが利用できるとか、朝食が無料で提供されるとかである。

　そのため、図表5-1のようなラインナップを持っているのは、一部の中間クラス以上の施設ということになる。低価格路線の施設と、一部の中間クラスの施設では、3段階程度のグレードにまとめることで、特定の市場セグメントに集中し、そのセグメントにおける強みを獲得することを意識している場合が多い。最近、急速にチェーン展開を進める「APAホテル」や「東横イン」などは、1種類のみに絞り込んでいるケースも珍しくない。ただし、これはかなり極端な例であるといえる。

　旅館でも、寝室、くつろぐための部屋、というように8畳〜12畳の部屋が複

図表5-1　客室のラインナップ例

	客室名	専有面積	部屋数	ラックレート
クラブフロア （専用ラウンジ などの利用可）	プレジデンシャルスイート	240m²	5	500,000円
	エグゼクティブスイート	120m²	3	200,000円
	クラブスイート	80m²	2	100,000円
	デラックス	40m²	1	40,000円
一般フロア	ジュニアスイート	65m²	1.5	55,000円
	スーペリア	55m²	1	45,000円
	スタンダード	40m²	1	35,000円

出典：徳江[2013]

数用意されている場合もある。最近ではベッドを置く旅館も増えてきているようだ。この場合には、ベッド専用の部屋が用意されることがしばしばである。

　なかには、囲炉裏の間を用意したり、書斎的なスペースをも確保しているケースまで存在する。

　ラグジュアリー・クラスの、特にリゾート・ホテルの場合には、各客室が独立した建物となっている「ヴィラ」の形式や、2つの客室を1つの建物に収容したテラスハウス的な建物が用意されていたりする。そして、こうしたヴィラは、海の上や湖の上などに立っていたり、専用のプールやジャグジーが備えられていたりすることも多い。南国の温暖な地域では専用のプールが、やや北の立地や高地ではジャグジーが用意されることになる。

　これは旅館における離れの存在と同じであるととらえられよう。専用の露天風呂の存在もまさに同様である。いずれもプライバシーを重視し、「個」客としての対応を志向している。

　なお、こうした施設面の特徴とサービス面のラインナップを近年、一般に広く受け入れられるようになりつつある5段階の分類に対比させると図表5-2のようになる。

図表5-2　グレードの分類と客室の特徴

価格帯による分類	バジェット Budget	エコノミー Economy	ミッドプライス Midprice	アップスケール Upscale	ラグジュアリー Luxury
機能による分類	←リミテッド・サービス→	←フル・サービス→			←リミテッド・サービス→
1室専有面積	10～15m²		20m²	30m²	40m²以上
スイートの有無	無	無	一部有	有	有
その他の特徴					バスルーム内のシャワーブース
					独立ヴィラ／シャレー
					専用プール／ジャグジー

出典：徳江［2013］

（2）販売価格の上限と下限

　客室のラインナップごとにラックレートを設定しても、実際には値引きをして販売されることが多い（詳しくは第6章で解説）。また、逆にお盆の時期や正月など、需要が集中する時期には特別料金を設定したりすることもある。

　こうした料金には、上限と下限が存在する。上限は市場が規定し、下限はコストによって規定される。ここでのコストとは、前述した費用のみならず、固定費となる施設・設備の減価償却費も含まれる可能性があることに注意が必要である（詳しくは後述）。しかし一方で、空室にしたままであった場合には収入自体が0となってしまうため、変動費分だけでも賄える範囲であれば、ギリギリまで下げることを許容するという考え方もある。

　価格は一度下げてしまうとなかなか戻すことが難しい。消費者の心の中には参照価格といわれる当該商品やサービスに対する値ごろ感の幅が形成されていて、その幅が低い方に広がってしまうと、高い金額を提示された場合に割高感が増してしまうからである。一度でも値下げして売ってしまうと、その金額が参照価格に大きな影響を及ぼしてしまうのである。そのため、値下げをする際には慎重な考慮を必要とするし、また、こうした理由からも、値下げの下限には減価償却費も含んだ費用項目で考えた方がふさわしい場合が多い。

■**参考文献**
　徳江順一郎［2013］,『ホテルと旅館の事業展開』創成社.

第6章
RevPARとADR

お客が宿泊する料金は、必ずしも一定していない。これは他のさまざまなホスピタリティ産業やサービス産業においてもよく見られる点である。そのために、宿泊部門においても1室が平均でいくら稼いだか、1室が実際にどの程度の金額で取引されているか、こういった指標を用いることで、宿泊部門の売上の最大化を目指さなければならない。

1：RevPAR と ADR の概要

　旅館は1泊2食での料金表示が基本となっているが、ホテルはルームチャージ制、つまり1泊1室の客室のみの料金表示が基本となっていることが多い。この客室料金には、公表された規定料金であるラックレートという定価のようなものも存在するが、実際にはそういった定価で販売されることはあまりなく、需要に応じて料金を変動させるのが常である。そのため、ホテルのグレードをとらえるのにも、このラックレートはあまり用いられることがなくなってきている。
　そうしたレートに代わりなにが用いられるようになってきたかというと「RevPAR」と「ADR」という2つの指標である。RevPAR は Revenue Per Available Room の略であり、ADR は Average Daily (Room) Rate の略である。この2つの指標はそれぞれ以下の計算式で算出される。

$$\text{RevPAR} = \frac{\text{期中合計客室売上高}}{\text{期中の総販売可能客室数}}$$

$$\text{ADR} = \frac{\text{期中合計客室売上高}}{\text{期中の総販売可能客室数} \times \text{期中客室稼働率}}$$

$$= \frac{\text{期中合計客室売上高}}{\text{期中の実売（実稼働）客室総数}}$$

$$= \frac{\text{RevPAR}}{\text{期中の客室稼働率}}$$

　上の式を簡単にいえば、ADR は実際に取引された客室の価格の平均であるのに対し、RevPAR は1室が平均でいくら稼いだのかを示しているということである。

2：ホテルにおける事例

　ここで、客室数10室のAホテルを想定してみる。このホテルには、以下の3

タイプの客室がある。

- スタンダード ：ラックレート20,000円×5室
- デラックス ：ラックレート30,000円×3室
- スイート ：ラックレート50,000円×2室

この全室が定価で埋まった場合には、1日あたり

20,000×5室＋30,000×3室＋50,000×2室＝290,000円

の売上となるが、そのような日は滅多にない。他の施設との競争上、あるいは需要が少ない日でも稼働率を上げるためにプロモーションを実施せざるをえなかったりするために、実際には以下のようになってくるだろう。

201X年2月1日
◇スタンダード
　・10,000円×1室
　・15,000円×2室
◇デラックス
　・20,000円×2室
◇スイート
　・0室
合計売上　　：¥80,000
合計販売室数：　5室

この日は残念ながら需要があまり多くはなく、スイートは1室も売れず、デラックスが1室、スタンダードが2室売れ残ってしまった。それだけでなく、売れた客室もすべてラックレートからかなり値引きをしてやっと売れたということがうかがえる。

同年2月2日
◇スタンダード
　・12,000円×1室
　・17,000円×3室
　・18,000円×1室
◇デラックス
　・22,000円×2室
　・30,000円×1室
◇スイート
・40,000円×1室
　合計売上　　：¥195,000
　合計販売室数：　　9室

　この日は前日よりも需要が多かった。そのためにスイートも値引きをしたが1室販売することができ、デラックスは2室を値引き販売したが1室はラックレートで販売することができた。スタンダードも前日よりも値引き幅をおさえることができた。
　同様にして、この月の売上と販売した客数をまとめると以下のようになった。

月日	売上	室数
2月1日	80,000円	5室
2月2日	195,000円	9室
2月3日	142,000円	8室
…	…	…
2月28日	123,000円	7室

　2月合計の売上は3,644,000円で合計販売室数は217室だった場合には、稼働率は

　　期中総販売可能客室数　：　10室 ×　28日 = 280室
　　月間客室稼働率　　　　：217室 ÷ 280室 = 77.5%

となり、客室稼働率は 77.5%となる。それなりの稼働率であるようにみえるが、もしも全室定価で売れたとした場合、

　　290,000 円 × 28 日 = 8,120,000 円

となり、実売の 3,644,000 円はかなり低いように感じられる。

　さて、この数字を使って RevPAR と ADR を計算してみよう。まず RevPAR は、

$$\text{RevPAR} = \frac{\text{期中合計客室売上高}}{\text{期中の総販売可能客室数}}$$
$$= 3,644,000 \text{ 円} \div 280 \text{ 室}$$
$$\fallingdotseq 13,014 \text{ 円}$$

となり、201X 年 2 月は 1 室平均で 13,014 円の売上を上げたことが分かる。一方、ADR の計算は、

$$\text{ADR} = \frac{\text{期中合計客室売上高}}{\text{期中の総販売可能客室数} \times \text{期中客室稼働率}}$$
$$= 3,644,000 \div (280 \text{ 室} \times 77.5\%)$$
$$\fallingdotseq 16,792 \text{ 円}$$

と計算できるが、他にも

$$\text{ADR} = \frac{\text{期中合計客室売上高}}{\text{期中の実売（実稼働）客室総数}}$$
$$= 3,644,000 \div 217 \text{ 室}$$
$$\fallingdotseq 16,792 \text{ 円}$$

あるいは、

$$\text{ADR} = \frac{\text{RevPAR}}{\text{期中の客室稼働率}}$$
$$= 13,014 \text{ 円} \div 77.5\%$$
$$\fallingdotseq 16,792 \text{ 円}$$

とも計算することができる。

以上をまとめると、全てのタイプの客室が定価（ラックレート）で販売できた場合に、

R_1 タイプのラックレート R_1p × R_1 タイプの客室数 R_1q
R_2 タイプのラックレート R_2p × R_2 タイプの客室数 R_2q
　　…
Rn タイプのラックレート Rnp × Rn タイプの客室数 Rnq

を全て足したもの、すなわち

$$\sum_{i=1}^{n} Rip \times Riq$$

が当該ホテルが上げうる最大の売上ということになるが、実際は、ラックレートでの販売を実現することは困難であり、100%の稼働率を達成することも困難であるため、ADRやRevPARを可能な限り上げられるよう各ホテルは努めるのである。

図表6-1は、実際のホテルの数値をいくつか抜き出してきたものである。

図表6-1　ある年度の首都圏ホテル主要数値

ホテル名	決算期	客室数	客室数×365	期中総販売可能客室数（室）	客室売上高（百万円）	RevPAR（円）	稼働率（％）	ADR（円）
マンダリンオリエンタル東京	12月	179	65,335	65,335	1,739	26,616	55.0	48,393
ザ・ペニンシュラ東京	12月	314	114,610	114,610	2,983	26,027	60.0	43,378
帝国ホテル東京	3月	931	<u>339,815</u>	<u>339,741</u>	6,928	20,392	71.8	28,401
セルリアンタワー東急ホテル	3月	411	150,015	150,015	2,776	18,504	71.3	25,953
京王プラザホテル	12月	1,438	<u>524,870</u>	<u>524,140</u>	6,728	12,836	88.5	14,504

出典：『週刊ホテルレストラン』より著者作成

なお、上記図表6-1で下線を引いた箇所は、客室数×365と期中総販売可能客室数にずれが生じている。これは、期間中に改装などのために販売できない客室が発生したために生じたずれであると考えられる。

いずれのホテルも、RevPARが高くても2万円台半ばであることから、各ホテルのイメージほどには1室が稼げていないことが分かるだろうか。また、ADRはさすがに4万円台のホテルもあるが、とはいってもラックレートからはかなり低い数値であり、さらに帝国ホテルが意外と低い点にも注目したい。

■**参考文献**
　徳江順一郎［2013 a］,『ホテル経営概論』同文舘出版.
　徳江順一郎［2013 b］,『ホテルと旅館の事業展開』創成社.

第7章
レベニュー・マネジメント

宿泊部門の売上最大化を実現するために、さまざまな工夫が行われてきた。こうした工夫をまとめてレベニュー・マネジメントというが、本章ではその基本となる考え方について解説する。この考え方をもとにしたうえで、多様なレベニュー・マネジメントのツールが用いられることになる。

1：レベニュー・マネジメントの概略

　もともとは、イールド・マネジメントとして航空産業で発達した考え方であり、現在ではホテル、放送、レンタカー、ゴルフ場、などでも用いられている。これは、キャパシティの総量があらかじめ決定しているサービス産業において、キャパシティ内での可能な限り最大の売上を目指す諸活動である。

　必要な概念は以下のとおりである。最大キャパシティが決まってしまっている状況での売上最大化を目指すわけであるから、単位当たりの売上の最大化、すなわち

$$\text{イールド} = \frac{\text{収益}}{\text{利用可能な時間}}$$

の最大化を目指すということになる。この式は変形すると

$$\text{イールド} = \frac{\text{収益}}{\text{利用された時間}} \times \frac{\text{利用された時間}}{\text{利用可能な時間}}$$

のように変形でき、この［収益 ÷ 利用された時間］は［平均販売単価］のことであり、［利用された時間 ÷ 利用可能な時間］は［利用率］となる。

$$\text{イールド} = \text{平均販売単価} \times \text{利用率} \quad \cdots \text{式①}$$

　そしてここで、宿泊産業にとって、平均販売単価がADRであり、利用率が稼働率として算出されていることを踏まえ、さらに

$$\text{RevPAR} = \frac{\text{期中合計客室売上高}}{\text{期中の総販売可能客室数}}$$

であり、かつ

$$\text{ADR} = \frac{\text{期中合計客室売上高}}{\text{期中の実売（実稼働）客室総数}}$$

との関係から

RevPAR ＝ ADR × 客室稼働率

となることから、これがまさに式①のイールドの公式と同じものであることが分かるだろう。要は、宿泊産業におけるレベニュー・マネジメントとは、ADR、つまり実際の取引単価を上昇させつつ客室稼働率のアップもめざし、RevPARの最大化を図る諸活動のことをいうのである。

2：レベニュー・マネジメントの実際

　実務面においては、さまざまな方策が試みられているが、決定的といえるものは存在していないのが現状である。
　航空におけるイールド・マネジメントと比較すると、一般に、連泊の存在や事前決済の困難さなどによって、宿泊産業におけるレベニュー・マネジメントの方が複雑かつ困難である。
　多いケースとしては、前年までの実績を元にして、日付や曜日などの変数をもとにして、客室タイプごとにさらに価格を複数付与し、それぞれの価格に対して予想される販売可能室数を想定したうえで、当該価格の予約が満たされると順次値下げをして、予約を埋めていくというものである。
　いずれのホテルでもラックレート（定価）を設定しており、すべての客室をラックレートで販売できれば理想であるが、残念ながらなかなかそうはいかないのが現状である[1]。そこで値引きをして消費者を刺激することになるが、前提となるのは需要の価格弾力性の差異である。
　宿泊市場は多様なお客様によって構成されている。あるお客様は、値段が安かろうと多少高かろうと、特定の日に当該ホテルや旅館にどうしても泊まりたいと考えるかもしれないが、またあるお客様は、値段が安かったら泊まろうと考えるかもしれない。こうした相違を需要の価格弾力性という。
　ここに客室数500室のBホテルがある。Bホテルは全客室がまったく同じ作りであり、景色の違いや客室の位置に関しても、ほとんど同じ条件であるとする。そ

1　特に規模が大きくなればなるほど、より困難となってしまう。

のため、ラックレートは同一の価格が設定されていると仮定する。

そして、Bホテルでの宿泊に対する需要は、図表 7-1 のようであったとする。

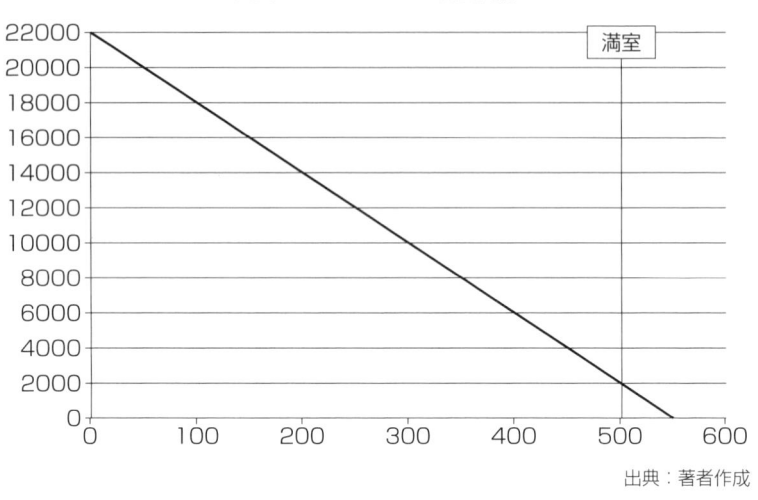

図表 7-1　Bホテルの需要曲線

出典：著者作成

この場合に、全室 2,000 円で販売すれば 500 室全室が埋まり、稼働率は 100％となるが、その場合の売上は

　2,000 円 × 500 室 ＝ 1,000,000 円　…ケース①

となる。一方、仮に全室 18,000 円で販売すると、100 室しか埋まらず、稼働率は 20％にしかならない。ただし、その場合の売上は

　18,000 円 × 100 室 ＝ 1,800,000 円　…ケース②

となり、ケース①よりも売上は多くなる。これをグラフ上に表すと、図表 7-2 のようになる。

すなわち、グラフ上の四角形の面積が売上となる。

そうなると、全室同一価格で販売するとなると、このグラフ上のどこに頂点を持つ四角形の面積が最大となるのであろうか。図表 7-3 は販売価格を 6,000 円に設定した場合で、この時は 400 室が売れるということから 2,400,000 円の売上となる。

図表 7-2　ホテル B の売上比較

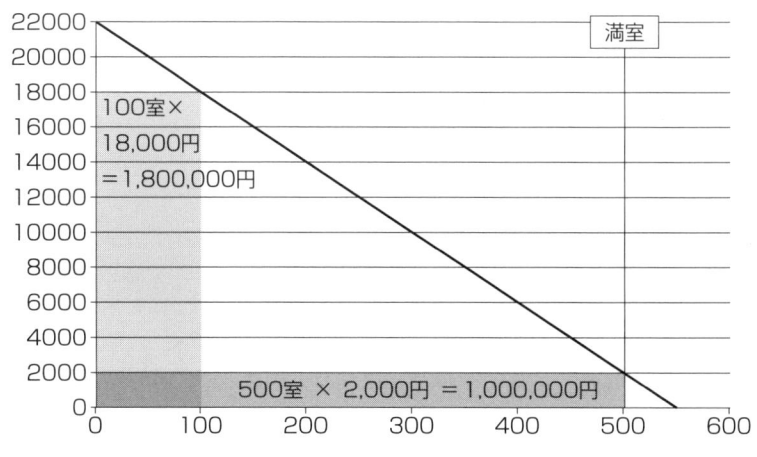

100室 × 18,000円 = 1,800,000円

500室 × 2,000円 = 1,000,000円

満室

出典：著者作成

図表 7-3　販売価格 6,000 円の場合の売上

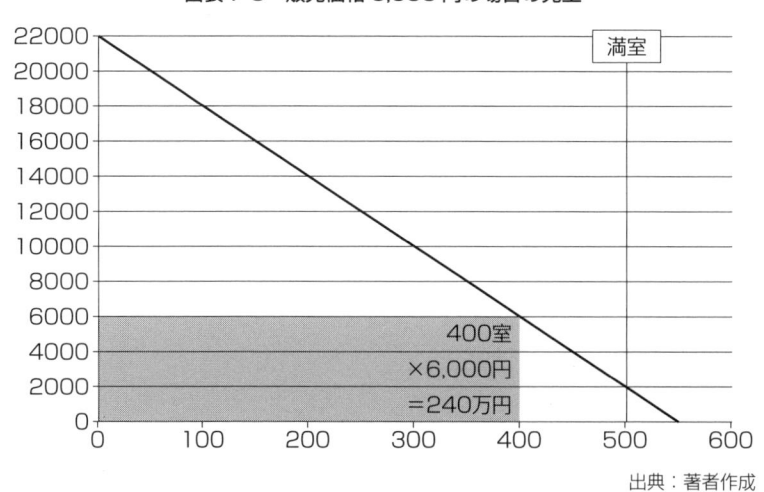

400室 × 6,000円 = 240万円

満室

出典：著者作成

　また、図表 7-4 は、販売価格を 12,000 円とした場合で、この時は 250 室売れるということから、3,000,000 円の売上となる。

図表 7-4 販売価格 12,000 円の場合の売上

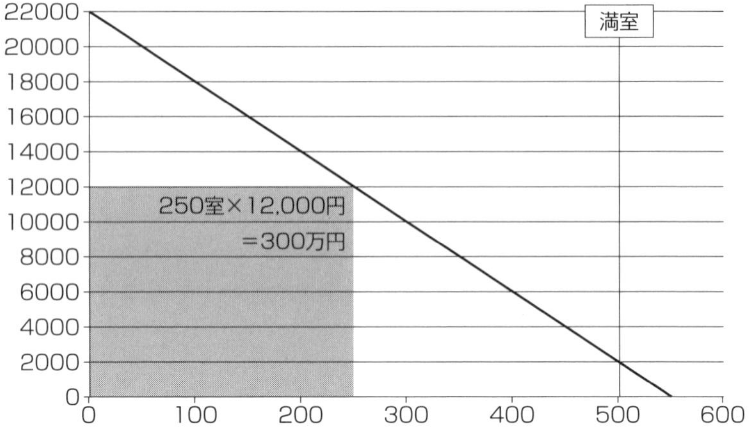

 このあたりの価格設定が、売上が最大になると思われるが、これを厳密に計算するとどうなるのだろうか。四角形の面積の最大を求めれば、それがこのホテルの全客室を同一価格で販売した場合の最大の売上となる。
 それではこの売上金額を求めてみよう。そのためにはまず、Bホテルの需要曲線の式を求める必要がある。なお、今回は仮想的なものなので、理解をしやすくするために直線としているが、曲線だったとしても、考え方は同じである。
 この直線の y 切片は 22,000 であり、傾きは、

$$(22{,}000-100)-(0-500)=-40$$

であるから、

$$y=22{,}000-40x$$

となる。そうなると、四角形の面積は

$$xy=x(22{,}000-40x)=-40x^2+22{,}000x=-40(x^2-550x)=-40(x-275)^2+3{,}025{,}000$$

となり、販売価格を 11,000 円にした場合に、275 室が売れて、その時が

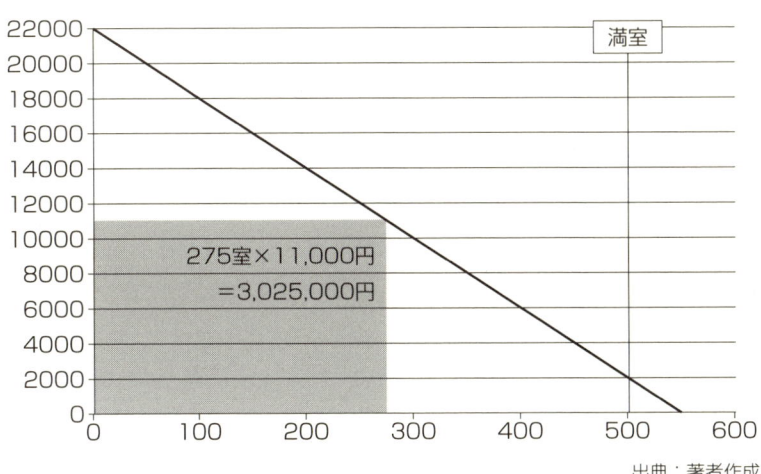

図表 7-5　最大売上時の B ホテル

275室×11,000円
=3,025,000円

出典：著者作成

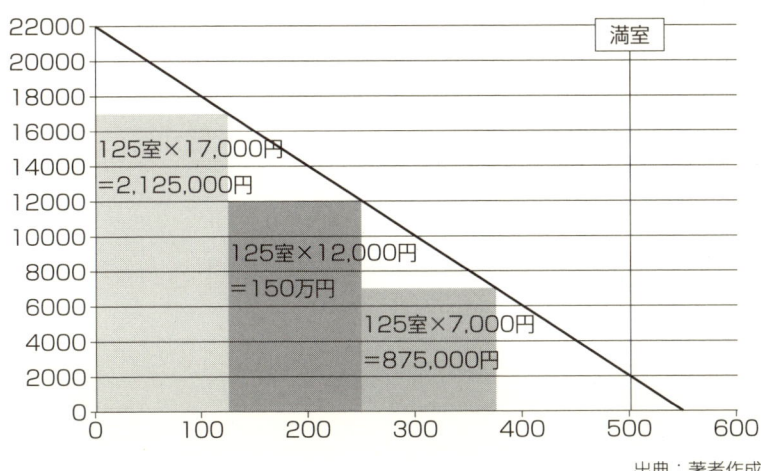

図表 7-6　初歩的なレベニュー・マネジメントの実践例

125室×17,000円
=2,125,000円

125室×12,000円
=150万円

125室×7,000円
=875,000円

出典：著者作成

3,025,000 円の売上となり、これが最大であることが分かる（図表 7-5）。

しかし、この時でさえ、500 室 -275 室 =225 室は売れ残ってしまっている。この部分をもっと有効に販売することはできないのだろうか。

この前提を踏まえ、かつ、本項の冒頭で述べたような市場セグメントごとの需要の価格弾力性を利用して、同じ客室でも異なる価格で販売すると、図表 7-6 のような販売を志向することも可能である。

この例では、17,000円で125室を売り、12,000円で125室を売り、7,000円で125室を売り、合計で375室が埋まり75%の稼働率となり、4,500,000円の売上となっている。ただし、それでもまだ125室が売れ残っている点については見落としてはならない。

　この図表7-6の例から分かることは、可能な限り、台形の面積を埋めることが、売上の最大化につながるということである。次はどこまで細かく価格を分けるのがいいのかという議論になってくるが、連泊の処理のことなども考え合わせると、1つの客室タイプにそれほど多くの価格設定をするのは困難な面も多々あるだろう。この例のあたりが現実的な落としどころとなるかと思われるが、理想的には図表7-7のように、とことんまで細かく分けるということも理論上はありえる。

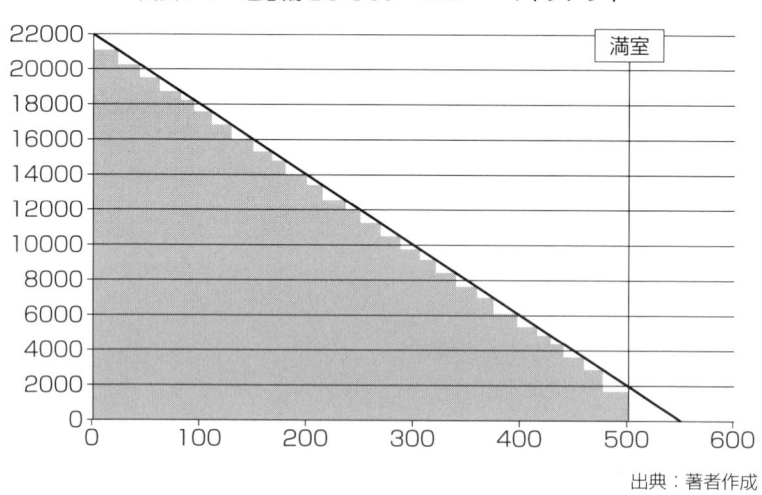

図表7-7　理想論としてのレベニュー・マネジメント

出典：著者作成

　これを、客室タイプごとに行うことによって、売上の最大化を目指していくことになる。

3：レベニュー・マネジメント導入のうえでの注意点

　宿泊産業にレベニュー・マネジメントを導入するための前提条件としては、以下の点があげられる。

- キャパシティが比較的固定的である
　　キャパシティが変動してしまうとそもそも意味がない
- 在庫が消滅する
　　在庫ができるということは、裁定の可能性が生じてしまう。
- 商品が事前に販売される
　　事前の予約や販売によって、制約条件を課すことが可能でなければならない。
　　ただし、宿泊産業ではこの点が少々弱い面もある。
- 需要が変動している
　　季節や曜日、あるいは時間で、需要が変動していなければならない。
- 市場が細分化されている
　　価格に対する敏感さの相違が見出せなければならない。

　同様に、宿泊産業に導入する際のポイントは、以下の通りである。

- 複数日数の滞在
　　冒頭でも述べた通り、航空会社とは異なり連泊があるため、その際の対応についても考慮する必要がある。
- 相乗効果への影響
　　宿泊単体ではなく、料飲や宴会との相乗効果に関しては、レベニュー・マネジメントでは捨象されてしまう。
- 明確な料金構造の欠如
　　特に旅館の場合には、そもそも明確な料金構造が欠如している場合もあり、基準点が見出しにくい側面がある。
- 情報未統合

統合的にプロモーションをするための情報システムが未統合で、効果的な値引きを行えないことがある。

このような問題点を抱えつつ、次章でも述べるようにわが国の宿泊産業界でもレベニュー・マネジメントは導入されてきている。これからは、この業界でもスタンダードとなることが見込まれる。

第8章
日本のホテル産業における レベニュー・マネジメント 導入の実際

世界的にはかなり導入が進んでいるといわれるレベニュー・マネジメントであるが、わが国ではどの程度まで導入されているか、実際に調査を行った。調査対象は日本を代表するホテル群をサンプルとしているため、現在の産業がおかれている状況がよく理解できよう。

1：はじめに

　日本のホテル産業において、イールド・マネジメント（yield management）[1]を導入している状況について実務家、あるいは実務に詳しい研究者に尋ねてみることがしばしばあった。そのときの反応としては、グローバルに展開しているホテル・グループに属するホテル、いわゆる「外資系ホテル」は導入しているところが多いであろうが、いわゆる「日本のホテル」に関してはおしなべて「少ないだろう」という回答である。しかしながら、単に「少ない」という感覚的な状況把握だけでは、イールド・マネジメントが日本のホテル産業において有用であるかどうか、有用であるとしても導入事例が少ないのはなぜか、といった議論を展開するにあたって心もとない。

　一方、わが国では、ホテル産業におけるイールド・マネジメントに関する先行研究（青木, 2005; 2006; 2007a; 2007b; 2008; 青木・植竹, 2009; 井上, 2006; 田代, 2000; 2002）がある。イールド・マネジメントの理論面における研究や、日本のホテルへの導入の是非について論じることは、もちろん重要である。しかしながら、日本のホテル産業におけるイールド・マネジメントの導入状況に関する研究は少なく、上述の先行研究のうちでも、日本のホテル産業における導入実態についての調査研究は、青木と植竹（2009）のみであり、リゾートホテルに関する議論に絞っている。

　このことに鑑み、日本のホテル産業においてイールド・マネジメントを導入している実態について調査する必要性を痛感した。

---

[1] イールド・マネジメントは、レベニュー・マネジメントともいわれ、アメリカの航空産業で航空券を適正価格で販売することによって1フライトあたりの収益を最大化する手法として開発された。続いてアメリカのホテル産業も、この手法を応用して、客室を適正価格で販売することで収益の最大化を図るようになった。詳細については、Pizam（2005）の"Yield Management"、"Price Customization"および"Revenue Management"の項を参照されたい。前章ではレベニュー・マネジメントの呼び名を用いたが、本章では調査時の名称であるイールド・マネジメントを使って論じる。

2：調査の方法および概要

　そこで、日本のホテル産業におけるイールド・マネジメントの導入実態について、その傾向を把握することを目的として、質問票調査を実施した。

　日本のホテル産業といっても、さまざまな「ホテル」が存在している。ホテルのロケーションやタイプについては、都市部、リゾート地、空港近傍などに分類され、所在する地域も異なる。ホテルの規模では客室数や客室収容人員が異なるし、客室料金の価格帯も異なる。これらの要素を踏まえて、わが国の代表的なホテルを調査対象とすることを考えた。

　そこで、社団法人日本ホテル協会（現、一般社団法人日本ホテル協会、以下、「日本ホテル協会」という）に協力を依頼し、同協会の加盟会員のホテルを調査対象とした。わが国の代表的なホテルが加盟している日本ホテル協会の加盟会員のホテルであれば、日本全国の地域に所在し、一定の基準[2]を満たしていることが保証されると考えたからである。

　2010年1月20日に該当するホテルの宿泊部門宛に質問票245通を郵送した。返信の締切は2010年1月31日とし、2010年2月2日時点で97通（回収率39.59％）、最終的には2010年2月26日時点で123通（回収率50.20％）の返信があった。

　質問票調査から得られたデータのほかに、分析にあたって追加的に必要となった、回答ホテルの所属支部・客室数に関するデータは、2010年11月に日本ホテル協会のホームページにアクセスして取得した。客室料金に関するデータは、『JTB時刻表』記載の「社団法人日本ホテル協会会員ホテル」（JTBパブリッシング，2010）から取得した。

　本章では、これらの取得データの単純集計にもとづき、わが国ホテル産業におけるイールド・マネジメント導入の実態について概観する。

---

[2] 日本ホテル協会に入会するための基準は、同協会のホームページの入会案内に明記してある(http://www.j-hotel.or.jp/proprietor/membership.php　2014年2月1日現在)。

3：調査結果および分析

（1）回答ホテルの属性

　今回調査で用いた質問票は回答にあたって記名を任意としたが、回答ホテルのうち、記名があるなど、プロパティを特定できる101件については、ホテルのタイプ、ホテルの規模、客室料金ごとに、属性を分類した。ホテルのタイプについては、シティホテルとリゾートホテルとに分類した[3]。ホテルの規模については、客室総数を100室以下、200室以下、300室以下、500室以下、501室以上の5つに分類した[4]。客室料金については、2010年1月31日における二人室の最低価格[5]によって、15,000円以下、20,000円以下、30,000円以下、30,000円超の価格帯に分類した。

　回答ホテルの規模別の分布を、全体、シティホテル、リゾートホテルごとに分類したのが図表8-1である。

---

[3] 回答ホテルのタイプに関するデータは、日本ホテル協会のホームページにアクセスし、加盟ホテルの詳細検索を利用して取得した（参照URL　http://www.j-hotel.or.jp/search/index.html アクセス日2010年11月20日）。

[4] 回答ホテルの客室総数に関するデータは、日本ホテル協会のホームページにアクセスし各回答ホテルの客室総数のデータを取得した（参照URL　http://www.j-hotel.or.jp/member_list/index.html　アクセス日2010年11月20日）。

[5] 価格についての尺度としては、各プロパティの販売可能一室当たり売上高（revenue per available room：RevPAR）または平均客室単価（average daily rate：ADR）を価格に関する指標として用いることが望ましいが、これらの情報をプロパティごとに得ることが極めて困難なことから、代替的に二人室の最低価格を用いた。

　2010年1月31日における二人室の最低価格については、JTBパブリッシング（2010）よりデータを得た。この広告では、一人室および二人室について客室料金の最低価格および最高価格を会員ホテルごとに示している。しかしながら、客室のタイプとして一人室がないプロパティがあること、最高価格の金額がプロパティごとに大きく差があることに鑑み、二人室の最低価格を尺度として用いることとした。

図表 8-1　規模別による分布の傾向

		100室以下	200室以下	300室以下	500室以下	501室以上	合計
全体	件数	31	27	16	13	14	101
	割合	30.69%	26.73%	15.84%	12.87%	13.86%	100.00%
シティ	件数	22	23	15	11	13	84
	割合	26.19%	27.38%	17.86%	13.10%	15.48%	100.00%
リゾート	件数	9	4	1	2	1	17
	割合	52.94%	23.53%	5.88%	11.76%	5.88%	100.00%

出典：著者作成

　シティホテルの件数がそれぞれの規模にわたって分布しているのに対し、リゾートホテル17件のうち、100室以下が9件（52.94%）、200室以下が4件（23.53%）という規模に集中しているのは、特徴的である。
　また、回答ホテルの二人室の価格帯別の分布を、全体、シティホテル、リゾートホテルごとに分類したのが、図表8-2である。

図表 8-2　二人室の価格帯による分布の傾向

		15,000円以下	20,000円以下	30,000円以下	30,000円超	合計
全体	件数	17	31	34	19	101
	割合	16.83%	30.69%	33.66%	18.81%	100.00%
シティ	件数	13	25	29	17	84
	割合	15.48%	29.76%	34.52%	20.24%	100.00%
リゾート	件数	4	6	5	2	17
	割合	23.53%	35.29%	29.41%	11.76%	100.00%

出典：著者作成

　シティホテルに対してリゾートホテルのほうが価格について割高であるという印象をもっていたが、最低価格の分布については、それぞれの平均値および標準偏差を算出し確認した。101件のプロパティのうち、シティホテル84件については平均値が23,579円、標準偏差が8,502円、リゾートホテル17件については平均値が21,734円、標準偏差が8,986円であり、むしろシティホテルのほうが平均価格が高いという結果になった。

(2) 調査対象の運営形態

調査対象としたホテルの運営形態については、①所有・直営方式、②リース方式、③マネジメント・コントラクト方式、④フランチャイズ方式、⑤運営指導契約方式の選択肢のうちからもっともよく当てはあるものを選ぶ形式で質問したところ、図表 8-3 のような結果を得た。

回答件数全体（123 件）のうち、81.30%（100 件）が所有・直営方式、3.25%（4 件）がリース方式、6.50%（8 件）がマネジメント・コントラクト方式、3.25%（4 件）がフランチャイズ方式、2.44%（3 件）が運営指導契約方式の運営形態をとっている。無回答が 3.25%（4 件）あった。

図表 8-3　回答ホテルの運営形態

	①	②	③	④	⑤	無回答	合計
件数	100	4	8	4	3	4	123
割合	81.30%	3.25%	6.50%	3.25%	2.44%	3.25%	100.00%

①所有・直営方式、②リース方式、③マネジメント・コントラクト方式、④フランチャイズ方式、⑤運営指導契約方式

出典：著者作成

さらに、ホテルのタイプ・規模・価格帯別の属性ごとに運営形態の傾向について作成したのが、図表 8-4 である。

ホテルのタイプ別にみると、シティホテルは、所有・直営方式（65 件、77.38%）のほかに、マネジメント・コントラクト方式（7 件、8.33%）、リース方式（3 件、3.57%）、フランチャイズ方式（3 件、3.57%）、運営指導契約方式（3 件、3.57%）と多様な運営形態をとっている。これに対してリゾートホテルは、1 件（5.88%）のフランチャイズ方式を除いたほかはすべて所有・直営方式と顕著な傾向を示している。

客室総数によるホテルの規模別にみると、どの規模においても、ほとんどが所有・直営方式であり、それ以外の運営形態についてはそれぞれ 1 件か 2 件程度と少数である。規模別の特徴はとくに見いだせなかった。

二人室の客室料金の最低価格帯別にみると、20,001 円以上 30,000 円以下の価格帯においてフランチャイズ方式が 3 件（8.82%）あるという点と、30,000

円を超える価格帯においてマネジメント・コントラクト方式が4件（21.05%）あるという点が目を引く。その結果、安い価格帯では所有・直営方式が多いのに対し、価格帯が高くなるにつれて多様な運営形態になるために所有・直営方式の割合が小さくなっているといえる。

なお、回答ホテルの地域別の属性を見るために、日本ホテル協会の12支部によ

図表8-4　タイプ・規模・価格帯別の回答ホテルの運営形態

		①	②	③	④	⑤	無回答	合計
シティ	件数	65	3	7	3	3	3	84
	割合	77.38%	3.57%	8.33%	3.57%	3.57%	3.57%	100.00%
リゾート	件数	16	0	0	1	0	0	17
	割合	94.12%	0.00%	0.00%	5.88%	0.00%	0.00%	100.00%
100室以下	件数	27	1	1	0	2	0	31
	割合	87.10%	3.23%	3.23%	0.00%	6.45%	0.00%	100.00%
200室以下	件数	23	1	1	0	0	2	27
	割合	85.19%	3.70%	3.70%	0.00%	0.00%	7.41%	100.00%
300室以下	件数	11	1	1	1	1	1	16
	割合	68.75%	6.25%	6.25%	6.25%	6.25%	6.25%	100.00%
500室以下	件数	10	0	2	1	0	0	13
	割合	76.92%	0.00%	15.38%	7.69%	0.00%	0.00%	100.00%
501室以上	件数	10	0	2	2	0	0	14
	割合	71.43%	0.00%	14.29%	14.29%	0.00%	0.00%	100.00%
15千円以下	件数	15	1	1	0	0	0	17
	割合	88.24%	5.88%	5.88%	0.00%	0.00%	0.00%	100.00%
20千円以下	件数	26	1	1	0	1	2	31
	割合	83.87%	3.23%	3.23%	0.00%	3.23%	6.45%	100.00%
30千円以下	件数	26	1	1	3	2	1	34
	割合	76.47%	2.94%	2.94%	8.82%	5.88%	2.94%	100.00%
30千円超	件数	14	0	4	1	0	0	19
	割合	73.68%	0.00%	21.05%	5.26%	0.00%	0.00%	100.00%

①所有・直営方式、②リース方式、③マネジメント・コントラクト（MC）方式、④フランチャイズ（FC）方式、⑤運営指導契約方式

出典：著者作成

る分類を試みた。具体的には、北海道、東北（青森・岩手・宮城・秋田・福島の各県）、関東（栃木・茨城・群馬・埼玉・千葉の各県）、信越（新潟県・長野県）、東京、神静山梨（神奈川・静岡・山梨の各県）、中部（富山・石川・福井・岐阜・愛知・三重の各県）、京都（滋賀県・京都府・奈良県）、大阪兵庫（大阪府・和歌山県・兵庫県）、中国四国（岡山・広島・山口・徳島・香川・愛媛・高知の各県）、九州（福岡県・鹿児島県）、沖縄の各支部である[6]。この分類にもとづき、回答ホテルが所属する支部別の運営形態についても集計してみたが、東京支部が所有・直営方式以外にも多様な運営形態をとっているほかは、とくに他の支部の特徴は見いだせなかった。

（3）イールド・マネジメントの導入状況

イールド・マネジメントの導入状況について質問した。さらに、その回答を、図表8-3の運営形態別の結果を踏まえ、所有・直営の形態とそれ以外の形態として分類したところ、図表8-5のような結果となった。

図表8-5　イールド・マネジメントの導入状況

		①	②	③	④	⑤	無回答	合計
全体	件数	28	69	14	0	12	0	123
	割合	22.76%	56.10%	11.38%	0.00%	9.76%	0.00%	100.00%
直営	件数	21	56	12	0	11	0	100
	割合	21.00%	56.00%	12.00%	0.00%	11.00%	0.00%	100.00%
以外	件数	5	12	1	0	1	0	19
	割合	26.32%	63.16%	5.26%	0.00%	5.26%	0.00%	100.00%
不明	件数	2	1	1	0	0	0	4
	割合	50.00%	25.00%	25.00%	0.00%	0.00%	0.00%	100.00%

①現在システムとして導入している、②現在思考方法としては導入している、③今後導入しようと考えている、④過去に導入したが現在は運用していない、⑤まったく導入を考えていない

---

6 回答ホテルの所属支部については、JTBパブリッシング（2010）および日本ホテル協会のホームページにアクセスして加盟ホテルのエリア別検索を利用して取得したデータ（参照URL　http://www.j-hotel.or.jp/area/index.html　アクセス日2010年11月20日）にもとづいて確認した。なお、都道府県名は、2010年1月31日現在の会員ホテルの所在地のみをあげてあるので、その後の新入会員ホテルの所在地としての都道府県名はあげていない。

回答にあたっての選択肢のうち、①はITシステムなどを利用している場合を、②はシステムを利用してはいないが考え方として利用している場合を、それぞれ想定して設定している。

　全体の傾向をみると、システムとして導入していると回答しているのが28件（22.76％）で、思考方法としては導入していると回答しているのが69件（56.10％）である。両者を合計すると、97件（78.86％）であり、ITシステムを利用していないプロパティを含めても、イールド・マネジメントを利用していると答えたホテルは相当な件数になる。ただし、「イールド・マネージャー」を置いているかどうかについては確認していないので、どこまで本格的なイールド・マネジメントを実施しているのかといった点については、今後の検証が必要である。

　その一方で、システムとしての導入と思考方法としての導入の合計件数に、将来の導入を考えている14件（11.38％）を加えると101件（90.24％）となるから、回答ホテルがイールド・マネジメントの重要性について、かなり認識していると考えてよい。

　過去に導入したが現在は運用していないという回答はなかったことを考えると、一度導入すれば継続して運用していることがうかがえる。

　ここで興味深いのが、まったく導入を考えていないと回答した12件のうち、11件が所有・直営方式の運営形態のホテルであるという点である。所有・直営方式の運営形態のホテルとそれ以外の形態のホテルとでは件数が大きく異なるが、所有・直営方式以外の運営形態のホテルのほうがイールド・マネジメントの導入に対して積極的な傾向にあるといえる。

　さらに、運営形態に関する質問と同様に、プロパティを特定できる101件については、ホテルのタイプ、ホテルの規模、客室料金ごとに、属性を分類してイールド・マネジメントの導入状況を見た。これら、ホテルのタイプ・規模・価格帯別のイールド・マネジメントの導入状況について作成したのが、図表8-6である。

　シティホテルとリゾートホテルとのタイプ別では、シティホテル84件のうち、システムとして導入しているのが20件（23.81％）、思考方法として導入しているのが46件（54.76％）、今後導入を考えているのが11件（13.10％）である。導入を考えていないのが7件（8.33％）である。これに対し、リゾートホテルは、17件のうち、システムとして導入しているプロパティはないが、15件（88.24％）が思考方法として導入しているという顕著な結果となった。また、リゾートホテル

図表 8-6　タイプ・規模・価格帯別のイールド・マネジメントの導入状況

		①	②	③	④	⑤	無回答	合計
シティ	件数	20	46	11	0	7	0	84
	割合	23.81%	54.76%	13.10%	0.00%	8.33%	0.00%	100.00%
リゾート	件数	0	15	1	0	1	0	17
	割合	0.00%	88.24%	5.88%	0.00%	5.88%	0.00%	100.00%
100室以下	件数	4	21	4	0	2	0	31
	割合	12.90%	67.74%	12.90%	0.00%	6.45%	0.00%	100.00%
200室以下	件数	4	18	2	0	3	0	27
	割合	14.81%	66.67%	7.41%	0.00%	11.11%	0.00%	100.00%
300室以下	件数	1	9	4	0	2	0	16
	割合	6.25%	56.25%	25.00%	0.00%	12.50%	0.00%	100.00%
500室以下	件数	6	6	1	0	0	0	13
	割合	46.15%	46.15%	7.69%	0.00%	0.00%	0.00%	100.00%
501室以上	件数	5	7	1	0	1	0	14
	割合	35.71%	50.00%	7.14%	0.00%	7.14%	0.00%	100.00%
15千円以下	件数	1	12	3	0	1	0	17
	割合	5.88%	70.59%	17.65%	0.00%	5.88%	0.00%	100.00%
20千円以下	件数	5	20	4	0	2	0	31
	割合	16.13%	64.52%	12.90%	0.00%	6.45%	0.00%	100.00%
30千円以下	件数	7	20	3	0	4	0	34
	割合	20.59%	58.82%	8.82%	0.00%	11.76%	0.00%	100.00%
30千円超	件数	7	9	2	0	1	0	19
	割合	36.84%	47.37%	10.53%	0.00%	5.26%	0.00%	100.00%

①現在システムとして導入している、②現在思考方法としては導入している、③今後導入しようと考えている、④過去に導入したが現在は運用していない、⑤まったく導入を考えていない

出典：著者作成

では、今後導入を考えているプロパティと導入を考えていないプロパティがそれぞれ1件ずつとなっている。客室数が多いプロパティほどイールド・マネジメントの有用性が高いということと、リゾートホテルは客室数が少ない傾向にある（図表1参照）ことを考えると、一見、イールド・マネジメントをリゾートホテルが導入することについて疑問が発生しそうである。しかし、リゾートホテルのうち、シス

テムを導入しているのではなく、思考方法として導入しているプロパティが多いという結果からは、客室数が少ないリゾートホテルがコストをかけずにイールド・マネジメントを導入する工夫をしているという状況が考えられる。

規模別では、客室数が多いホテルのほうがイールド・マネジメントの効果が大きくなると予想していた。結果としては、客室数が多いプロパティほどシステムとしてイールド・マネジメントを導入している割合が高く、客室数が比較的少ないプロパティではイールド・マネジメントを思考方法として導入している割合が高いという傾向にある。これは事前の予想とほぼ一致した結果である。

価格帯別では、高い価格帯に属するプロパティのほうが、価格の変動幅を大きくとることができることから、イールド・マネジメントの効果を得やすい傾向にあると事前に予想していた。結果としては予想どおりで、高い価格帯に属するプロパティのほうが、イールド・マネジメントを導入している割合、とくにシステムとしてのイールド・マネジメントを導入している割合が高くなる傾向にある。

(4) イールド・マネジメントの導入時期

イールド・マネジメントをシステムとして導入している、あるいは、思考方法としては導入していると回答したホテル97件（全体の78.86%）に対して、イールド・マネジメントを導入した時期について質問したところ、図表8-7のような回答を得た。

多くの回答ホテルが、調査実施の前年から4年前まで、すなわち2005年から2009年の間に導入していることがわかった。とくに、2005年から2008年の間に52件(53.61%)の導入が集中している背景には、いわゆる「2007年戦争」といわれた「外資系ホテル」の開業ラッシュ、あるいは2008年9月のリーマンショックによるインバウンド客の減少などが何らかの影響を与えたのではないかと思われる。

図表 8-7 イールド・マネジメントの導入時期

		①	②	③	④	⑤	無回答	合計
全体	件数	5	8	17	52	14	1	97
	割合	5.15%	8.25%	17.53%	53.61%	14.43%	1.03%	100.00%
直営	件数	4	5	13	43	11	1	77
	割合	5.19%	6.49%	16.88%	55.84%	14.29%	1.30%	100.00%
以外	件数	1	3	3	8	2	0	17
	割合	5.88%	17.65%	17.65%	47.06%	11.76%	0.00%	100.00%
不明	件数	0	0	1	1	1	0	3
	割合	0.00%	0.00%	33.33%	33.33%	33.33%	0.00%	100.00%

①15年以上前、②10～14年前、③5～9年前、④2～4年前、⑤2009年

出典：著者作成

（5）イールド・マネジメントのグループ内での導入状況

イールド・マネジメントをシステムとして導入している、あるいは、思考方法としては導入していると回答したホテル97件（回答ホテル全体の78.86%）に対して、グループ内におけるイールド・マネジメントの導入状況について質問したところ、図表8-8のような回答を得た。

図表 8-8 導入ホテルのグループ内における導入状況

		①	②	③	無回答	合計
全体	件数	51	34	5	7	97
	割合	52.58%	35.05%	5.15%	7.22%	100.00%
直営	件数	44	25	2	6	77
	割合	57.14%	32.47%	2.60%	7.79%	100.00%
以外	件数	6	7	3	1	17
	割合	35.29%	41.18%	17.65%	5.88%	100.00%
不明	件数	1	2	0	0	3
	割合	33.33%	66.67%	0.00%	0.00%	100.00%

①単体での導入、②国内グループ全体での導入、③グローバル・グループ全体での導入

出典：著者作成

所有・直営方式の運営形態のホテルでは、77件のうち44件（57.14％）が単体の導入で、25件（32.47％）が国内グループ全体での導入をしている。全体の傾向に対してはこの所有・直営方式の運営形態の数字の影響が大きい。一方、所有・直営方式以外の運営形態のホテルでは、単体での導入（6件、35.29％）と国内グループ全体での導入（7件41.18％）とがほぼ同じ割合である。所有・直営方式以外、すなわち、リース、マネジメント・コントラクト、フランチャイズといった運営形態のほうが、イールド・マネジメントのグループ全体での導入に対しては積極的であるといえよう。

(6) イールド・マネジメント導入後の売上高の変化

　イールド・マネジメントをシステムとして導入している、あるいは、思考方法としては導入していると回答したホテル97件（全体の78.86％）に対して、イールド・マネジメントの導入後に、宿泊部門の売上高に導入前と比べどのような変化があったかについて質問したところ、図表8-9のような回答を得た。

　イールド・マネジメント導入後、売上高が増加したプロパティは、全体では97件中45件（46.39％）となっている。これは、売上高の増大というイールド・マネジメントの目的をはたしていることになる。とりわけ17件（17.53％）が5％以上の売上高の増加を達成しているのは、注目すべき点である。とくに所有・直営方式の運営形態のホテルでは、77件中40件（51.95％）がイールド・マネジメントを導入した効果をあげている。

　一方で、全体のうち33件（34.02％）があまり変化がない、8件（8.25％）が減少したと答えている。とくに所有・直営方式以外の運営形態のホテルでは、17件中10件（58.82％）があまり変化がないという。

　さらに、イールド・マネジメントを導入している97件のうちプロパティを特定できる81件については、ホテルのタイプ、ホテルの規模、客室料金ごとに、属性を分類してイールド・マネジメント導入後の売上高の変化を見た。おしなべて全体の傾向とそれほど変わらず、顕著な差異は見られなかった。

(7) イールド・マネジメント導入後の客室稼働率の変化

　イールド・マネジメントをシステムとして導入している、あるいは、思考方法としては導入していると回答したホテル97件（全体の78.86％）に対して、イー

図表8-9　イールド・マネジメント導入後の売上高の変化

		①	②	③	④	⑤	⑥	無回答	合計
全体	件数	4	13	28	33	8	4	7	97
	割合	4.12%	13.40%	28.87%	34.02%	8.25%	4.12%	7.22%	100.00%
直営	件数	4	11	25	22	8	2	5	77
	割合	5.19%	14.29%	32.47%	28.57%	10.39%	2.60%	6.49%	100.00%
以外	件数	0	1	3	10	0	1	2	17
	割合	0.00%	5.88%	17.65%	58.82%	0.00%	5.88%	11.76%	100.00%
不明	件数	0	1	0	1	0	1	0	3
	割合	0.00%	33.33%	0.00%	33.33%	0.00%	33.33%	0.00%	100.00%
シティ	件数	3	2	21	27	5	3	5	66
	割合	4.55%	3.03%	31.82%	40.91%	7.58%	4.55%	7.58%	100.00%
リゾート	件数	1	5	4	4	0	1	0	15
	割合	6.67%	33.33%	26.67%	26.67%	0.00%	6.67%	0.00%	100.00%
100室以下	件数	3	3	2	13	2	1	1	25
	割合	12.00%	12.00%	8.00%	52.00%	8.00%	4.00%	4.00%	100.00%
200室以下	件数	0	3	10	6	0	1	2	22
	割合	0.00%	13.64%	45.45%	27.27%	0.00%	4.55%	9.09%	100.00%
300室以下	件数	0	0	2	5	1	1	1	10
	割合	0.00%	0.00%	20.00%	50.00%	10.00%	10.00%	10.00%	100.00%
500室以下	件数	0	0	6	4	1	1	0	12
	割合	0.00%	0.00%	50.00%	33.33%	8.33%	8.33%	0.00%	100.00%
501室以上	件数	1	1	5	3	1	0	1	12
	割合	8.33%	8.33%	41.67%	25.00%	8.33%	0.00%	8.33%	100.00%

		①	②	③	④	⑤	⑥	無回答	合計
15千円以下	件数	1	1	3	5	2	1	0	13
	割合	7.69%	7.69%	23.08%	38.46%	15.38%	7.69%	0.00%	100.00%
20千円以下	件数	2	4	7	9	0	0	3	25
	割合	8.00%	16.00%	28.00%	36.00%	0.00%	0.00%	12.00%	100.00%
30千円以下	件数	0	2	6	12	3	3	1	27
	割合	0.00%	7.41%	22.22%	44.44%	11.11%	11.11%	3.70%	100.00%
30千円超	件数	1	0	9	5	0	0	1	16
	割合	6.25%	0.00%	56.25%	31.25%	0.00%	0.00%	6.25%	100.00%

①10%以上の増加、②5%以上の増加、③1～4%の増加、④あまり変化はない、⑤減少、⑥その他

出典：著者作成

第 8 章　日本のホテル産業におけるレベニュー・マネジメント導入の実態

ルド・マネジメントの導入後に、客室稼働率には導入前と比べどのような変化があったかについて質問したところ、図表 8-10 のような回答を得た。

図表 8-10　イールド・マネジメント導入後の客室稼働率の変化

		①	②	③	④	⑤	⑥	無回答	合計
全体	件数	1	2	17	30	36	5	6	97
	割合	1.03%	2.06%	17.53%	30.93%	37.11%	5.15%	6.19%	100.00%
直営	件数	1	2	16	24	27	3	4	77
	割合	1.30%	2.60%	20.78%	31.17%	35.06%	3.90%	5.19%	100.00%
以外	件数	0	0	1	6	7	1	2	17
	割合	0.00%	0.00%	5.88%	35.29%	41.18%	5.88%	11.76%	100.00%
不明	件数	0	0	0	0	2	1	0	3
	割合	0.00%	0.00%	0.00%	0.00%	66.67%	33.33%	0.00%	100.00%
シティ	件数	1	1	7	25	25	3	4	66
	割合	1.52%	1.52%	10.61%	37.88%	37.88%	4.55%	6.06%	100.00%
リゾート	件数	0	1	6	1	6	1	0	15
	割合	0.00%	6.67%	40.00%	6.67%	40.00%	6.67%	0.00%	100.00%
100室以下	件数	1	1	5	3	13	1	1	25
	割合	4.00%	4.00%	20.00%	12.00%	52.00%	4.00%	4.00%	100.00%
200室以下	件数	0	1	3	11	5	1	1	22
	割合	0.00%	4.55%	13.64%	50.00%	22.73%	4.55%	4.55%	100.00%
300室以下	件数	0	0	1	1	6	1	1	10
	割合	0.00%	0.00%	10.00%	10.00%	60.00%	10.00%	10.00%	100.00%
500室以下	件数	0	0	1	6	4	1	0	12
	割合	0.00%	0.00%	8.33%	50.00%	33.33%	8.33%	0.00%	100.00%
501室以上	件数	0	0	3	5	3	0	1	12
	割合	0.00%	0.00%	25.00%	41.67%	25.00%	0.00%	8.33%	100.00%

		①	②	③	④	⑤	⑥	無回答	合計
15千円以下	件数	0	0	2	5	5	1	0	13
	割合	0.00%	0.00%	15.38%	38.46%	38.46%	7.69%	0.00%	100.00%
20千円以下	件数	0	2	5	7	9	0	2	25
	割合	0.00%	8.00%	20.00%	28.00%	36.00%	0.00%	8.00%	100.00%
30千円以下	件数	0	0	4	7	12	3	1	27
	割合	0.00%	0.00%	14.81%	25.93%	44.44%	11.11%	3.70%	100.00%
30千円超	件数	1	0	2	7	5	0	1	16
	割合	6.25%	0.00%	12.50%	43.75%	31.25%	0.00%	6.25%	100.00%

①15ポイントの増加、②10～14ポイントの増加、③5～9ポイントの増加、④1～4ポイントの増加、⑤あまり変化はない、⑥その他

出典：著者作成

全体では97件中50件（51.55％）、所有・直営方式のホテルで43件（55.84％）が稼働率が上昇している。

一方、稼働率にあまり変化がないという回答が、全体で36件（37.11％）、所有・直営方式の運営形態で27件（35.06％）、所有・直営方式以外の運営形態で7件（41.18％）ある。

さらに、イールド・マネジメントを導入している97件のうちプロパティを特定できる81件については、ホテルのタイプ、ホテルの規模、客室料金ごとに、属性を分類してイールド・マネジメント導入後の客室稼働率の変化を見た。おしなべて全体の傾向とそれほど変わらず、顕著な差異は見られなかった。

(8) イールド・マネジメント導入後の平均客室単価の変化

イールド・マネジメントをシステムとして導入している、あるいは、思考方法としては導入していると回答したホテル97件（全体の78.86％）に対して、イールド・マネジメントの導入後に、平均客室単価には導入前と比べどのような変化があったかについて質問したところ、図表8-11のような回答を得た。

全体で97件中30件（30.93％）、所有・直営方式の運営形態で77件中25件（32.47％）、所有・直営方式以外の運営形態で17件中3件（17.65％）のプロパティが、イールド・マネジメントの導入後に平均客室単価が増加したといっている。一方、全体で49件（50.52％）、所有・直営方式で38件（49.35％）、所有・直営方式以外の運営形態で11件（64.71％）のホテルが、あまり変化がないと回答し、さらに、選択肢にはないその他として平均客室単価が低下したと答えたプロパティが全体で7件（7.22％）、所有・直営方式の運営形態で5件（6.49％）、所有・直営方式以外で1件（5.88％）あった。

さらに、イールド・マネジメントを導入している97件のうちプロパティを特定できる81件については、ホテルのタイプ、ホテルの規模、客室料金ごとに、属性を分類してイールド・マネジメント導入後の平均客室単価の変化を見た。おしなべて全体の傾向とそれほど変わらず、顕著な差異は見られなかった。

(9) イールド・マネジメントを導入していない理由

イールド・マネジメントについて、今後導入しようと考えている（14件、11.38％）、まったく導入を考えていない（12件、9.76％）と回答したホテルに

第8章　日本のホテル産業におけるレベニュー・マネジメント導入の実態

図表8-11　イールド・マネジメント導入後の平均客室単価の変化

		①	②	③	④	⑤	無回答	合計
全体	件数	2	9	19	49	7	11	97
	割合	2.06%	9.28%	19.59%	50.52%	7.22%	11.34%	100.00%
直営	件数	1	7	17	38	5	9	77
	割合	1.30%	9.09%	22.08%	49.35%	6.49%	11.69%	100.00%
以外	件数	0	1	2	11	1	2	17
	割合	0.00%	5.88%	11.76%	64.71%	5.88%	11.76%	100.00%
不明	件数	1	1	0	0	1	0	3
	割合	33.33%	33.33%	0.00%	0.00%	33.33%	0.00%	100.00%
シティ	件数	2	2	14	34	5	9	66
	割合	3.03%	3.03%	21.21%	51.52%	7.58%	13.64%	100.00%
リゾート	件数	0	2	2	9	2	0	15
	割合	0.00%	13.33%	13.33%	60.00%	13.33%	0.00%	100.00%
100室以下	件数	0	2	1	16	1	5	25
	割合	0.00%	8.00%	4.00%	64.00%	4.00%	20.00%	100.00%
200室以下	件数	0	1	5	12	3	1	22
	割合	0.00%	4.55%	22.73%	54.55%	13.64%	4.55%	100.00%
300室以下	件数	1	0	2	4	1	2	10
	割合	10.00%	0.00%	20.00%	40.00%	10.00%	20.00%	100.00%
500室以下	件数	0	0	4	7	1	0	12
	割合	0.00%	0.00%	33.33%	58.33%	8.33%	0.00%	100.00%
501室以上	件数	1	1	4	4	1	1	12
	割合	8.33%	8.33%	33.33%	33.33%	8.33%	8.33%	100.00%

		①	②	③	④	⑤	無回答	合計
15千円以下	件数	0	1	2	8	1	1	13
	割合	0.00%	7.69%	15.38%	61.54%	7.69%	7.69%	100.00%
20千円以下	件数	2	2	3	11	2	5	25
	割合	8.00%	8.00%	12.00%	44.00%	8.00%	20.00%	100.00%
30千円以下	件数	0	1	6	14	4	2	27
	割合	0.00%	3.70%	22.22%	51.85%	14.81%	7.41%	100.00%
30千円超	件数	0	0	5	10	0	1	16
	割合	0.00%	0.00%	31.25%	62.50%	0.00%	6.25%	100.00%

①10％以上の増加、②5～9％の増加、③1～4％の増加、④あまり変化はない、⑤その他

対して、現在イールド・マネジメントを導入していない理由について質問した。結果は、図表8-12のとおりである。選択肢のうち、あてはまるものをすべて選ぶ複数回答を可としたために、件数の合計値と全体の件数とが一致しないことがある。また、割合は、全体の件数に対する回答件数の割合を示している。

コストがかかりすぎるという回答が全体で7件（26.92％）、効果が期待できないという回答が全体で7件（26.92％）であったが、この選択肢の回答が多いのは予想していた。しかし、知らない・よくわからない、という回答が10件（38.46％）で最も多く、すべてが所有・直営方式の運営形態のプロパティであったことは意外であった。

図表8-12　イールド・マネジメントを導入していない理由（複数回答可）

		①	②	③	④	⑤	⑥	合計
全体	件数	7	7	4	2	10	7	26
	割合	26.92%	26.92%	15.38%	7.69%	38.46%	26.92%	100.00%
直営	件数	5	6	4	1	10	6	23
	割合	21.74%	26.09%	17.39%	4.35%	43.48%	26.09%	100.00%
以外	件数	1	1	0	1	0	1	2
	割合	50.00%	50.00%	0.00%	50.00%	0.00%	50.00%	100.00%
不明	件数	1	0	0	0	0	0	1
	割合	100.00%	0.00%	0.00%	0.00%	0.00%	0.00%	100.00%

①コストがかかりすぎる、②効果が期待できない、③他のシステムで十分である、④トップの理解を得られない、⑤知らない・よくわからない、⑥その他（自由記入）

(10) 未導入ホテルのグループ内での導入状況

イールド・マネジメントについて、今後導入しようと考えている（14件、11.38％）、まったく導入を考えていない（12件、9.76％）と回答したホテルに対して、回答ホテルが所属している企業グループ内でのイールド・マネジメントの導入状況について質問したところ、図表8-13のような回答を得た。

この質問に対しては、無回答が多かったが、回答したホテルでイールド・マネジメントを導入していなくとも、グループ内のホテルでは利用している場合があることがわかった。

図表 8-13　イールド・マネジメントのグループ内導入状況

		①	②	無回答	合計
全体	件数	3	2	21	26
	割合	11.54%	7.69%	80.77%	100.00%
直営	件数	2	2	19	23
	割合	8.70%	8.70%	82.61%	100.00%
以外	件数	1	0	1	2
	割合	50.00%	0.00%	50.00%	100.00%
不明	件数	0	0	1	1
	割合	0.00%	0.00%	100.00%	100.00%

①国内グループで導入しているプロパティが存在する、②国内グループに導入しているプロパティは存在しないが、グローバル・グループで導入しているプロパティが存在する

4：おわりに

　以上、質問票調査および事後的に得た追加データにもとづいて分析を行った。質問票調査をした時点が、リーマンショックから立ち直ろうとする年の初めであった。その意味では、調査結果、とりわけイールド・マネジメントの効果に関わる項目に対する回答に影響があったことは否定できない。

　さらに、翌年には東日本大震災が発生し、継続的な調査を実施することができなかった。本来であれば、このような調査は、定点観測的に行うことが望ましい。

　そういった状況であっても、今回の調査結果からは、わが国ホテル産業におけるイールド・マネジメントの導入状況として、次のような傾向が指摘できる。

　日本のホテル産業においては、イールド・マネジメントの重要性は認識されており、また、思考方法としてはかなり浸透している（図表 8-5）。導入時期は 2005 年から 2009 年に導入したホテルが多い（図表 8-7）。

　イールド・マネジメントの効果としては、売上高の増大につながったホテルが多い（図表 8-9）。ただし、売上高の増大は客室単価の上昇という要因よりも（図表 8-11）、客室の稼働率の上昇という要因によるものであった（図表 8-10）。このことから、適正価格で販売することで客室稼働率を高め、機会損失としての空室を

最少化するというイールド・マネジメントの目的を達成していると結論づけられる。この結論については、プロパティを特定できる 81 件について、ホテルのタイプ、ホテルの規模、客室料金ごとに、属性を分類して分類した結果についても、おしなべてあてはまる。

　以上が、本研究から得られる知見である。このパイロット・テストともいえる調査結果が何らかの問題提起や示唆を提供しているとすれば、幸いである。

■参考文献

青木章通 [2005],「固定収益マネジメントのホテルへの適用事例」,浅田孝幸,鈴木研一,川野克典編『固定収益マネジメント』,中央経済社,pp. 347-363.

青木章通 [2006],「キャパシティ制約型サービス産業における収益管理―イールド・マネジメントと顧客別収益性分析との統合」,『専修経営学論集』,専修大学学会,第 83 号,pp. 147-165.

青木章通 [2007 a],「対人的サービス業における管理会計情報の有用性―需要管理に主眼を置いた管理会計の方向性の検討」,『會計』,森山書店,第 171 巻,第 2 号,pp. 30-45.

青木章通 [2007 b],「サービス産業の収益管理―レベニュー・マネジメントの検討」,櫻井通晴,伊藤和憲編,『企業価値創造の管理会計』,同文舘出版,pp. 167-179.

青木章通 [2008],「サービス業におけるイールド・マネジメントと顧客価値管理との関係」,『原価計算研究』,第 32 巻,第 1 号,pp. 75-84.

青木章通,植竹朋文 [2009],「リゾートホテルにおけるレベニューマネジメントの実態調査―質問票調査に基づく分析」,『専修大学経営研究所報』,専修大学経営研究所,第 179 号.

井上博文 [2006],「観光産業におけるイールド・マネジメント―米国の観光産業を中心に」,『観光学研究』,東洋大学国際地域学部,第 5 号,pp. 1-10.

JTB パブリッシング [2010],「社団法人日本ホテル協会会員ホテル」,『JTB 時刻表』,JTB パブリッシング,第 86 巻,第 3 号,pp. 1057-1059.

田代景子 [2000],「ホスピタリティー管理会計における価格設定についての一考察」,『商学論纂』,中央大学,第 41 巻,第 5 号,pp. 247-274.

田代景子 [2002],「ホスピタリティ管理会計におけるイールド・マネジメントの展開」,『経営情報学部論集』,浜松大学,第 15 巻,第 2 号,pp. 319-331.

Pizam, Abraham, Chief Editor [2005], *International Encyclopedia of Hospitality Management*, Oxford : Elsevier Butterworth-Heinemann(エイブラハム・ピザム監修責任者,中村清・山口祐司日本語版監修主幹,清水孝・長谷川惠―日本語版監修 [2009]『ホスピタリティ・マネジメント事典』産業調査会).

[付記] 本章は,『ツーリズム学会誌』,第 11 号(最終号),pp. 15-29 において発表したものを一部修正して再掲した。

第3部
料飲部門の会計

第9章
原価計算の基礎

料飲サービスを含めあらゆるビジネスには、コストが発生する。たとえば料飲サービスでは食材のコストが発生するが、もちろんそれだけではない。では、それらのコストをどのようにとらえればよいのだろうか。本章では、コストを計算するにあたっての基礎的な知識として、コストの分類方法、代表的なコストの計算方法について学ぶ。

原価（またはコスト）とは、「製造業に属する企業が製品を製造したり、サービス業に属する企業がサービスを提供するために消費した経営資源の価値を貨幣額で測定したもの」のことである。また、原価計算とは、「製造業が製品を製造するために発生した原価（製造原価）や、サービス業がサービスを提供するために発生した原価を計算する手続き」のことである（以上の出典はいずれも清水他[2004]）。
　製造業とは、文字どおりモノを製造する業種のことである。原材料を購入し（仕入れ）、製造のプロセスを経て、完成品を生み出し、その完成品を他者へ販売することで収益を獲得する。また、製造販売に要するコストを収益から減算（マイナス）することで利益を算出できる。
　いっぽうサービス業とは、有形物の製造や販売ではなく、おもに無形物であるサービスの提供により収益を獲得する。また、サービスの提供に要する各種のコストを収益から減算することで、利益を算出できる。
　料飲サービス産業（レストラン、バーなど）は、この両方の性質を有している。すなわち、たとえばレストランであれば、食材（原材料）や調理設備を用いて料理を作るという製造業としての側面と、その料理を客席（客の手元）へ運ぶことや、飲食のための場所そのものの利用を提供するというサービス業としての側面がある。
　第3部ではおもに料飲サービスにおける製造業としての側面に焦点を当てつつ、コスト管理を中心に説明する。なお、サービス業としての側面については、第12章において少々扱うものとする。

1：レストランにおけるコスト

　さて、一般的なレストランをイメージしてもらいたい。入店すると、店員が「いらっしゃいませ」と声をかけてきて、こちらが予約していればその旨と名前を、予約していなければその旨と人数を告げるだろう。すると店員が、テーブルへ案内し、イスを引いて着席をうながしてくれるかもしれない。しばらくすると、まずはドリンクの注文をとりにくるだろう。ドリンクメニューやワインリストを見ながら説明を聞いたり、相談したりするかもしれない。ドリンクが決まると、次は料理を注文する。コース料理であれば、コースのなかで、自分でチョイスする料理だけを選ぶ。アラカルトならば、すべてを自分でオーダーする。このときも、店員に相談しなが

ら決めるかもしれない。ドリンクがすぐに運ばれてきて、タイミングよく料理が運ばれてくるだろう。食事とドリンクを楽しみながら、心地よさのなかで時間が過ぎていく。食後のドリンクをいただき、ほどよい満腹感と満足感を得て、店を後にするだろう。

　これら一連の出来事や経験が、すべて無料で提供されていると考えるのはナンセンスである。実際のところ、ほぼすべてのケースにおいて（例外はあるが）、料金の支払いがある。

　ところで、ごく基本的な事柄ではあるが、敢えてここで以下のことを改めて述べておかなければならない。料飲サービス業を含めすべてのビジネスでは、直接的であるか間接的であるかにかかわらず、顧客からもたらされる収益、つまり顧客が自店（自社）に対して支払うお金をもって、すべてのコストを賄わなければならない。すなわち、料理の原材料費やサービスを提供する従業員の人件費、各種設備を維持するためのコスト、自店（自社）全体をマネジメントするためのコストなどのすべては、基本的には収益総額によって賄われるものである。このことは、顧客に提供される製品（料理など）やサービス（接客サービスなど）にともなう収益とコストを正確に把握し、そこから利益が生み出されていることを認識する必要があることを示唆している。

　そこで、原価（コスト）を計算しなければならないのである。原価計算について前述とは別の定義は、「企業をめぐる利害関係者、とりわけ経営管理者にたいして、企業活動の計画と統制および意思決定に必要な経済的情報を提供するために、企業活動から発生する原価、利益などの財務的データを、企業給付にかかわらしめて、認識し、測定し、分類し、要約し、解説する理論と技術」というものである（岡本[2000]）。「企業活動から発生する原価」を算出することは、企業の経営者にとって不可欠であり、それは企業活動における意思決定を左右する重要な情報なのである。

　では、料飲ビジネスにおけるコストには、どのようなものが含まれるのであろうか。前述の、レストランでの出来事を見直してもらいたい。入店時に「いらっしゃいませ」と声をかけてくれる店員がいるということは、この店員に支払われる給料というコストが発生しているということである。予約が電話で行われたのであれば、それに応対した店員の給料、電話を設置しておくためのコスト、入店してテーブルに案内しイスを引いてくれたのだから、テーブルやイスを入手するため、またきれいな状態に維持するためのコストが発生していることがわかる。このように列挙し

ていけばキリがない。

　前述のとおり第3部では、料飲サービスにおける製造業としての側面に着目するため、その部分について考えてみたい。すると、食材や調味料の仕入れや保管、調理作業に要する機材の取得と維持メンテナンス、調理作業に携わるキッチンスタッフの給料、調理に欠かせない水道代や電気代、ガス代など水道光熱費と呼ばれるコストなど、こちらも数多くの種類のコストが発生していることが分かる。

　本章ではまず、これらコストを分類するおおまかな枠組みについて考えることにする。そして以降の章で、分類されたそれぞれの区分ごとに検討する。

2：コストの分類

　前項において、料飲サービスでは各種のコストが発生していることを述べた。では、これらのコストをどのように分類して「認識し、測定し、分類」すればよいのであろうか。

　この点で「形態別分類」と「機能別分類」という2種類の分類方法について考えることにする。そして次に、これらの関連性を扱う。

(1) 形態別分類

　形態別分類（cost classification of nature）とは、「何が消費されたのか、何に支出を行ったのかを基礎とした分類」である。形態別分類では、ごく簡単にいえば、コストを材料費、労務費、経費の3種類に分類する。しかし、当然のことながら、それら3種類のそれぞれについて、さらなる細分化が必要である。また、単なる3分類というわけではなく、たとえば料飲サービスにおける労務費については、調理をする人の給料と、バックオフィスで給料計算をする人の給料とは別にして考える（認識および把握する）必要がある。

◆材料費

　廣本 [2008] によれば、材料費とは、「材料ないし物品の消費額」のことであり、「材料の消費額ということもあれば、物品の消費額ということもある」。材料費の計算は、次の式による。

材料費 ＝ 当該材料の消費量 × 当該材料の消費単価

◆労務費

　労務費とは、文字どおり労務おいて発生するコストのことである。労務費の計算は、次の式による。

労務費 ＝ 当該労働力の消費量 × 当該労働力の消費単価

◆経費

　経費とは、「材料費や労務費に属さない原価要素のすべてを含み、その内容は多様で」あり、「①サービスの消費を表す経費、②物品の消費を表す経費、③社会的費用の分担を表す経費、④不可避的な経済価値の喪失を表す経費」の４つに分類できる。

　営業形態を「ファミリーレストラン」、「ステーキ専門店」、「喫茶店」、「ラーメン店」の４つに分類したうえで、形態別分類によるコスト構造は、図表9-1のとおりである。

図表9-1　営業形態別主要原価率

	ファミリーレストラン	ステーキ専門店	喫茶店	ラーメン店
材料費	30～35%	35～40%	16～28%	22～30%
労務費	25～30%	23～28%	23～35%	23～30%
経　費	12～15%	12～15%	12～15%	12～15%

出典：清水［1994］に一部加筆

（2）製品との関連における分類

　料飲サービスにおけるコスト管理では、料理１品に対するコストの把握が重要である。たとえば、料理１品を完成させるために要する（要した）コストを算出・把握し、売価との差額を算出することで、その料理１品によってもたらされる利益を知ることができ、端的にいってその料理が儲かるかどうかを知ることができる

のである。

しかし、たとえばステーキであれば、ステーキ肉はその料理1品を完成するために要するコストとして金額を把握しやすいが、ステーキを提供するために要したガス代や電気代、シェフの人件費などは、料理1品あたりに換算することが難しい。

そこで、このようなコストの特徴による分類が必要となる。前述のステーキ肉のように製品（この場合は料理1品）に関連づけることが可能なコストを「直接費」、料理1品に関連づけることが困難なコストを「間接費」という。もちろん、直接費と間接費はともにコストとして管理する対象である。

(3) 原価の分類

形態別分類による材料費、労務費、経費という3種類と、製品との関連における分類による直接費と間接費という2種類を勘案すると、図表9-2に示す6種類のコスト分類があることがわかる。

図表9-2　コストの分類

	材料費	労務費	経費
直接費	直接材料費	直接労務費	直接経費
間接費	間接材料費	間接労務費	間接経費

出典：著者作成

これら6種類についての詳細は、後の章でくわしく扱うものとする。

さらに、コストの分類を考えるうえで重要な点を、図表9-3に示す。

材料費、労務費、経費の3種類においてそれぞれ直接費と間接費に分類されるわけであるが、それらの総合計を製造原価という。また、製品の製造そのものに直接関わるわけではないコストも発生し、それを営業費という。よって、製造原価と営業費との合計が、総原価、つまり、企業あるいは料飲サービス店舗における総コストということになる。

本章において対象とするのは、製造原価、すなわち製造直接費と製造間接費である。これらについて学ぶことで、料飲サービスはもとより、ホスピタリティ産業におけるコスト管理を知ってもらいたい。

なお、補足的に、コスト全体の分類を別の形の図表（図表9-4）にて示す。

第 9 章　原価計算の基礎—標準原価計算と実際原価計算—

図表 9-3　コスト全体の分類

			販売費	営業費 (d)	総原価 (e)
			一般管理費		
	間接材料費	製造間接費 (b)	製造原価 (c)		
	間接労務費				
	間接経費				
直接材料費	製造直接費 (a)				
直接労務費					
直接経費					

製造直接費 (a)	=	直接材料費	+ 直接労務費	+	直接経費
製造間接費 (b)	=	間接材料費	+ 間接労務費	+	間接経費
製造原価 (c)	=	製造直接費 (a)	+ 製造間接費 (b)		
営業費 (d)	=	販売費	+ 一般管理費		
総原価 (e)	=	製造原価 (c)	+ 営業費 (d)		
販売費	:	製品の販売にかかった費用			
一般管理費	:	企業全般の管理にかかった費用			

出典：廣本［2008］に加筆

図表 9-4　コスト全体の分類（ツリー図）

```
総原価 ─┬─ 製造原価 ─┬─ 製造直接費 ─┬─ 直接材料費
        │            │              ├─ 直接労務費
        │            │              └─ 直接経費
        │            └─ 製造間接費 ─┬─ 間接材料費
        │                           ├─ 間接労務費
        │                           └─ 間接経費
        └─ 営業費 ─┬─ 販売費
                   └─ 一般管理費
```

出典：著者作成

3：標準原価計算

　標準原価計算について考える前に、まずはコスト管理とは何かについて検討したい。というのも、コスト管理が第3部のテーマであり、標準原価計算について知るにはコスト管理についての知識が不可欠だからである。

　コスト管理（あるいは原価管理、コストマネジメント）とは、「資源犠牲の目的が意味のあるものであるのか、本当に達成が必要な目的であるのかを検討」し、「その目的達成のために、いかなる活動が必要であり、その活動遂行のために、どれだけの資源犠牲が必要となるのか」について、「コストを計算し、そのコストに見合う目的であるかどうかを検討する」ことによって、「目的達成に必要な資源犠牲をできるだけ少なくすること、無駄な資源犠牲を行わないようにすること」といえる。

　少々難しく定義を述べたが、これをごくわかりやすくたとえを用いて説明すれば、200円のものを顧客に提供するために、これまでは120円のコストを要していたが、何らかの節約や努力を心がければコストを100円に抑えられるとしたら、どうやってコストを抑えるか、そもそも120円あるいは100円というコストが適正なのかどうか、なぜ100円でも提供可能なのに120円を要していたのか、といった事柄を検討し、サービス提供側（企業側）にとってベストな状態へと向かおうとすることといえる。

　そこで、ベストな状態を考えるための方法として、標準原価計算という考え方が必要となるのである。標準原価計算について『原価計算基準』は、「標準原価計算制度は、製品の標準原価を計算し、これを財務会計の主要帳簿に組み入れ、製品原価の計算と財務会計とが、標準原価をもって有機的に結合する原価計算制度である。標準原価計算制度は、必要な計算段階において実際原価を計算し、これと標準との差異を分析し、報告する計算体系である」としている。また、「標準原価算定の目的」については

1. 原価管理を効果的にするための原価の標準として標準原価を設定する。これは標準原価を設定する最も重要な目的である。
2. 標準原価は、真実の原価として仕掛品、製品等のたな卸資産価額および売上原価の算定の基礎となる。

3. 標準原価は、予算とくに見積財務諸表の作成に、信頼しうる基礎を提供する。
4. 標準原価は、これを勘定組織の中に組み入れることによって、記帳を簡略化し、迅速化する。

としている。

ごく簡単にいえば、標準原価（standard cost）とは、「理論上の"あるべき"原価」といえるだろう。すなわち、顧客に提供するあるモノに要するコストについて、「標準ではいくら」と定めた額といえる。この点で櫻井［2014］は標準原価について、「財貨の消費量を科学的・統計的調査にもとづいて能率の尺度となるように予定し、これに予定価格または正常価格を乗じた原価」としている。

では、身近なものとして、牛丼でこの標準原価計算と、対比して考えるために実際原価計算とを表してみたい。すると、図表9-5のように表すことができる。

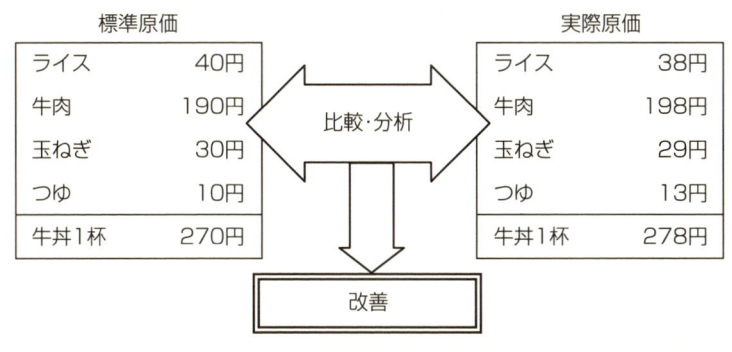

図表9-5　牛丼の標準原価と実際原価

標準原価		実際原価	
ライス	40円	ライス	38円
牛肉	190円	牛肉	198円
玉ねぎ	30円	玉ねぎ	29円
つゆ	10円	つゆ	13円
牛丼1杯	270円	牛丼1杯	278円

（比較・分析 → 改善）

出典：著者作成

図表9-5の左側には標準原価、すなわち、この牛丼ショップにおける「理論上の"あるべき"原価」が、右側には実際原価、すなわち、この牛丼ショップにおいて実際に要した原価が示されている。標準原価を過去の統計情報などをもとに定めることで、実際原価との比較が可能となり、たとえば実際原価が標準原価を超えているようであれば、なにが原因なのか、なぜそうなったのか、どうすれば標準原価に抑えることが可能か、といった分析・検討による改善が見込める。一方で、実際原価が標準原価を下回った場合には、一見望ましように思えるが、それが正当な理

由（節約やロスを出さないといった理由）によるものであるのか、それとも定められたレシピどおりに調理されていないのか、といった調査・検討を要することになる。

　コスト管理とは、単にコストを減らすということではない。コストを減らすことだけを考えるのであれば、企業活動を何も行わないことがベストな方法である。しかしこれでは本末転倒であることは当然といえる。必要なコストをかけつつ、余分なコストをかけないこと、コストを適正な状態に保つようにすることが、コスト管理の本質なのである。そして、ここにいう「適正」を表すものが、標準原価であり、標準原価にもとづくコスト管理の第一歩を標準原価計算というのである。

　ではここで、コスト管理に必要な用語および計算式を見てみよう（清水［2010］）。といっても、複雑な計算はほとんどなく、ほぼすべてが四則演算で済む計算式である。

　　粗利益（あらりえき） ＝ 売上高　　　－ 売上原価
　　　　　　　原価率 ＝ 売上原価　　÷ 売上高
　　　　　　　粗利率 ＝ 粗利益　　　÷ 売上高
　　　　　原価率 ＋ 粗利率　　＝ 100％

　個別標準原価 ＝ 各メニュー個別の原価
　個別標準原価率 ＝ 個別標準原価 ÷ そのメニューの価格
　　標準原価率 ＝ （各メニュー個別販売数 × 各メニュー個別標準原価）の総和
　　　　　　　　÷当月売上高

これらの用語を使い、例題を考えながら、標準原価計算についての理解を深めたいと思う。

第9章 原価計算の基礎—標準原価計算と実際原価計算—

【例題】
　個別標準原価を把握するための表（3つ）を完成せよ。また、標準原価率の低い順、粗利益の高い順、売価の高い順に並べよ。

◆図表 9-6A

プレーンドリア　　売価　　800円

材料名	単価	/	単位	使用量	原価
ピラフ	150円	/	100g	120g	180円
ホワイトソース	180円	/	100cc	50cc	90円
ミートソース	160円	/	100cc	25cc	40円
チーズ	300円	/	100g	20g	60円

原価合計	円
標準原価率	％
粗利益	円
粗利率	％

- 原価 ÷ 売価 → 標準原価率
- 売価 － 原価 → 粗利益
- 粗利益 ÷ 売価 → 粗利率

原価合計は、各材料の原価を合計するだけなので
　180＋90＋40＋60＝370 円
標準原価率は、原価合計÷売価で求めることができるので、
　370 ÷ 800＝0.4625（46.25％）
となる。粗利益については、売価 - 原価なので、
　800-370＝430 円。
そして粗利率は、粗利益÷売価なので、
　430 ÷ 800＝0.5375（53.75％）
となる。なお、
　原価率 46.25％ ＋ 粗利率 53.75％ ＝100％
となることも確認できる。

◆図表9-6B

シーフードリア	売価		980円			
材料名	単価	/	単位	使用量	原価	
ピラフ	150円	/	100g	120g	円	
シーフードミックス	300円	/	100g	400g	円	
ホワイトソース	180円	/	100cc	50cc	円	
ミートソース	160円	/	100cc	20cc	円	
チーズ	300円	/	100g	20g	円	
				原価合計	円	
				標準原価率	%	
				粗利益	円	
				粗利率	%	

　まず各材料の原価を計算する。ピラフは100gあたり150円で120g使うので、
　　150÷100×120=180円
　シーフードミックスは、100gあたり300円で40g使うので、
　　300÷100×40=120円
　ホワイトソースは、100ccあたり180円で50cc使うので、
　　180÷100×50=90円
　ミートソースは、100ccあたり160円で20cc使うので、
　　160÷100×20=32円
　チーズは100gあたり300円で20g使うので、
　　300÷100×20=60円
　原価合計は、各材料の原価を合計するだけだから
　　180+120+90+32+60=482円
　次に標準原価率は、原価合計÷売価で求めるので、
　　482÷980=0.4918（49.18％）
　となる。粗利益については、売価-原価なので、
　　980-482=498円
　そして粗利率は、粗利益÷売価だから、
　　498÷980=0.5082（50.82％）

となる。なお、
　原価率 49.18％＋粗利率 50.82％＝100％
となることも確認できる。

◆図表 9-6C

ヘルシードリア　　売価　　880 円

材料名	単価	/	単位	使用量	原価
ピラフ	150 円	/	100g	120g	円
ベジタブルミックス	200 円	/	100g	60g	円
ホワイトソース	180 円	/	100cc	40cc	円
ミートソース	160 円	/	100cc	15cc	円
ローファットチーズ	360 円	/	100g	20g	円
				原価合計	円
				標準原価率	％
				粗利益	円
				粗利率	％

　これもまず各材料の原価を計算する。ピラフは 100g あたり 150 円で 120g 使うので、
　　150÷100×120＝180 円
　ベジタブルミックスは、100g あたり 200 円で 60g 使うので、
　　200÷100×60＝120 円
　ホワイトソースは、100cc あたり 180 円で 40cc 使うので、
　　180÷100×40＝72 円
　ミートソースは、100cc あたり 160 円で 15cc 使うので、
　　160÷100×15＝24 円
　ローファットチーズは 100g あたり 360 円で 20g 使うので、
　　360÷100×20＝72 円
　原価合計は、各材料の原価を合計するだけなので
　　180＋120＋72＋24＋72＝468 円
　次に標準原価率は、原価合計÷売価で求めるので、
　　468÷880＝0.5318（53.18％）

となる。粗利益については、売価 - 原価だから、
　880 － 468＝412円
そして粗利率は、粗利益÷売価なので、
　412 ÷ 880＝0.4682（46.82％）
となる。なお、
　原価率 53.18％ ＋ 粗利率 46.82％ ＝100％
となることも確認できる。

◆標準原価率の低い順

	プレーンドリア	46.25％
⇒	シーフードドリア	49.18％
⇒	ヘルシードリア	53.18％

◆粗利益の高い順

	プレーンドリア	53.75％
⇒	シーフードドリア	50.82％
⇒	ヘルシードリア	46.82％

◆売価の高い順

	シーフードドリア	980円
⇒	ヘルシードリア	880円
⇒	プレーンドリア	800円

この例題の、3種類にお子様ドリアを加え、表にまとめると図表 9-7 のようになる。

図表 9-7　ドリアの原価一覧

	プレーンドリア	シーフードドリア	ヘルシードリア	お子様ドリア
売価	800円	980円	880円	500円
標準原価	370円	482円	468円	200円
標準原価率	46.25%	49.18%	53.18%	40.00%
粗利益	430円	498円	412円	300円
粗利率	53.75%	50.82%	46.82%	60.00%

出典：著者作成

　では、どのドリアが最もよく売れることが、このお店にとって好ましいのかを考えてみよう。まず、売価がいちばん高いのはシーフードドリアであるから、売上高の点でいえばこれといえるし、お子様ドリアは売価がもっとも低く、売上高への貢献が少ないといえなくもない。しかし、原価率や粗利率を考えると、お子様ドリアが最もよく売れると、粗利益を多く獲得することができる。このような判断のときに、「～率」に着目することは大切ではあるが、それだけで判断することには危険が伴う。というのも、あたりまえのことではあるが、お店（または企業）にとって「～率」はあくまでも指標値であり、お金そのものではない。つまり、「～率」が高いからといって、それだけでは利益の獲得にはつながらないのである。むしろ金額で表れている値への注目は欠かせない。図表 9-7 で粗利益（金額）がもっとも高いのは、シーフードドリアである。さらにシーフードドリアは売上高ももっとも高い。よってこの店では、（この与件だけで判断するのであれば）シーフードドリアがもっとも売れることが好ましいといえるのである。

　このように、標準原価が定まっていれば、お店の運営についての方向性（戦術的なプラン）を策定する際にも役立つのである。

4：実際原価計算

　実際原価（actual cost）とは、「財貨の実際消費量をもって計算した原価」のことである。実際原価は、歴史的原価（historical cost）とも呼ばれている。実際原価は、経営活動における出来事、つまり、過去（歴史上）に起きた事実に基づく原

価だからである。

図表9-8　牛丼の標準原価と実際原価

標準原価			実際原価	
ライス	40円		ライス	38円
牛肉	190円	比較・分析	牛肉	198円
玉ねぎ	30円		玉ねぎ	29円
つゆ	10円		つゆ	13円
牛丼1杯	270円		牛丼1杯	278円

↓ 改善

出典：著者作成

　コスト管理においては、実際原価計算だけではなく、標準原価計算と実際原価計算をペアにすることが必要である。というのも、実際原価は、標準原価との比較において、なぜ標準との差異が発生したのかを検討し、改善に向けたアクションを起こすきっかけとなるからである。

　また、コスト管理に実際原価計算だけでは不足であることは、次の2点からもわかる。というのも、実際原価の特徴として、実際原価は変動するという点をあげることができる。すなわち、天候条件、外国為替レート、原油価格など、数多くのさまざまな条件（企業が独自にどうすることもできない、企業にとっての外部環境の変化）によって、材料の価格が変動するのである。また、価格変動の要因は外部環境の変化だけではなく、従業員の能力や作業の正確さ、図表9-8には人件費を含めていないが、従業員賃金（賃率）の変化によっても、実際原価は変動する。実際原価計算によって算出されるコストのことは「偶然的原価（accidental costs）」であるということである。

　さらに、実際原価計算における「ころがし計算」という点も、特徴であるとともに、標準原価計算と対にしてコスト管理を行うことの必要性を表す。ころがし計算とは、一つの製品を製造し完成するために複数の部署が関与する場合に、最初に関与した部署が実際原価を算出し、次に関与した部署にとってはそれを仕入額として実際原価を算出し、といった具合にコスト情報を引き継いで（ころがして）いくことである。

標準原価計算ではあらかじめコスト情報の標準が定められているのだが、実際原価計算では実際にいくらコストがかかったかという情報を用いるため、このようなことが起きるのである。これによって、完成品についての総コスト情報を把握するためには多くの時間と労力を要し、経営の意思決定に必要な情報の迅速化に逆行することになってしまう。

　料飲サービスについてこの点を考えると、多くのホテルで取り入れられているセントラルキッチンシステムがあてはまるだろう。ある程度の規模のシティホテルなどでは、いくつかのレストランが営業しているものである。セントラルキッチンシステムとは、それらのレストランにおいて用いる食材の発注や在庫について一括で管理し、各レストランに共通するような下ごしらえをセントラルキッチンと呼ばれる厨房で行ってしまうというものである。各レストランが個々で在庫管理を行い、発注作業を担うことに比べると、格段に在庫量を軽減でき、ビジネスの効率化に有効な手段である[2]。

　セントラルキッチンシステムでは、下ごしらえまで行ったうえで、その食材を各レストランにいわば配布することになる。この流れについて実際原価計算でコスト管理を行おうとするならば、セントラルキッチンにおける実際原価を算出してからでないと、各レストランにおけるコスト管理を行えないということになる。いっぽうでこのシステムにおいて標準原価計算でコスト管理を行うのであれば、各レストランに食材を配布したその時点で、標準原価によってセントラルキッチン側、各レストラン側の双方がコスト管理を進めることができるというわけである。

　なお、実際原価の算出は、いちいち食材などの材料を使うときにその使った品名や量を記録していけば可能ではあるが、それでは作業効率を低下させることになってしまい実際的ではない。そこで、図表9-9のような考え方によって、実際原価を把握する。

---

[2] 著者によるインタビューでは、いくら経営効率に有益であるといっても、この方法に賛同しない従業員が少なくないとのことである。とくにキッチンスタッフのなかで、いわゆる職人気質の従業員は、当然のことながら仕入から下ごしらえを含めあらゆる調理を自らの監督下で行いたいとのことで、セントラルキッチンシステムに反対する者がいるとのことである。

図表 9-9　実際原価の求めかた

前月末棚卸高 800 円	当月実際原価 42,100 円
当月仕入額 42,200 円	当月末棚卸高 900 円

出典：著者作成

コストの計算は通常、1 ヶ月単位で行う。そして、公式としては、

　当月実際原価 ＝ 前月末棚卸高 ＋ 当月仕入額 － 当月末棚卸高

となる。これは、ある月についての実際原価を計算する際に、その前月末時点での在庫が当月初日に繰り越され（前月末棚卸高）、さらに当月中に仕入れた食材（当月仕入額）を加算し、そこから当月末日の時点での在庫（当月末棚卸高）を減算することで、当月に実際に用いた食材のコスト（当月実際原価）を求めることができるというものである。

■参考文献

岡本清 [2000],『原価計算〔六訂版〕』国元書房 .
櫻井通晴 [2014],『原価計算』同文舘出版 .
清水孝・長谷川惠一・奥村雅史 [2004],『入門原価計算』中央経済社 .
清水均 [1994],『フードサービス攻めの計数』商業界 .
清水均 [2010],『飲食店攻めの計数問題集』商業界 .
廣本敏郎 [2008],『原価計算論（第 2 版）』中央経済社 .

第10章
配賦の計算と管理

ひとことでコストといっても、その内容は多様である。前章ではコストの分類を学んだが、本章ではその分類にもとづき各々を詳しく学ぶ。分類されたコストそれぞれに、計算の方法がある。これら計算方法を学ぶことで、料飲ビジネスにおいて各々のコストをどう扱えばよいかを知ることができる。

1：材料費

(1) 材料費の概略

　材料費とは、『原価計算基準』によれば、「物品の消費によって生ずる原価」のことである。また、廣本［2008］によれば、材料費を算出する公式は、

　　材料費 ＝ 当該材料の消費量 × 当該材料の消費単価

であり、標準原価計算において材料費を算出する場合には、この公式に標準消費量と予定単価を、実際原価計算であれば実際消費量と実際単価あるいは予定単価を代入することになる。

　料飲サービスにおける材料費は、直接材料費と補助材料費に大別することができる。直接材料費とは、料理を完成するために消費され、材料としてその料理を直接的に作り上げる一部となる主要な材料費のことである。たとえばステーキを作る際のステーキ肉は、まさに直接材料費といえる。いっぽうで補助材料費とは、料理を直接的に作り上げていく一部ではあるが、その金額が僅少であるか料理個別に消費額を計算することが合理的ではない材料費のことである。たとえば前述と同様にステーキを作る際について考えるならば、焼く前にふりかける塩コショウなどは補助材料費といえるだろう。

　では、このままステーキ肉についての例を用いて、材料費の算出を考えていこう。たとえば先月に消費されたステーキ肉が 300 枚だとして、その消費（仕入れ）単価が 1 枚あたり 800 円だとする。すると、300 × 800＝240,000 となり、材料費は 24 万円ということになる。これはごく簡単な数式といえよう。

　しかし、この公式のうちの消費単価については、そう簡単に定まっているわけではない。というのも、さまざまな要因によって、仕入単価は変動するからである。前月は 1 枚あたり 740 円で仕入れることができたとしても、今月には 800 円に値上がりしているかもしれないのである。では、このように仕入単価が変動した場合に、消費単価をどのように定めればよいのだろうか（図表 10-1）。

第10章 配賦の計算と管理

図表10-1 仕入単価の変動

	摘要	受入			払出			残高		
		数量	単価	金額	数量	単価	金額	数量	単価	金額
4/1	前月繰越	10	740	7,400				10	740	7,400
3	（購入）	20	800	16,000				10	740	7,400
								20	800	16,000
4	（消費）				15	？？	？？			

出典：著者作成

　材料消費単価の求めかたには、代表的に2つの方法がある。それは、先入先出法と移動平均法である。

（2）先入先出法

　先入先出法とは、先に（倉庫や棚に）入れた順番に使っていく（先に入れたモノを先に出す）と考えたうえで、材料費を算出する方法である。身近なものにたとえていうなら、コンビニのおにぎりを思いうかべてもらいたい。賞味（消費）期限の近いものから前面に陳列し、調理（製造）が古い順に顧客が購入していくようにしていることをご存知だろう。これが、先入先出法のイメージである。

　図表10-2では、4/1の前月繰越では単価が740円であるが、4/3に仕入れた時点では単価が800円に値上がりしている。このとき、4/3時点での残高（在庫）については、異なる単価（740円と800円）であるが同じモノが存在していることになる。このような場合、先入先出法では、単価ごとに記録する。そして4/4に15枚のステーキ肉が消費されたときには、（実際にはどのステーキ肉が消費されたかにかかわらず）先入先出、つまり、先に在庫しているほうから順に消費されたという前提で、記録していく。この場合には、4/1の前月繰越分10枚と、4/3に仕入れた20枚のうちの5枚が消費されたものとして記録するというわけである。当然のことながら、4/4における残高（在庫）は、4/3に仕入れた分のうち15枚ということになる。

図表 10-2　先入先出法

	摘要	受入			払出			残高		
		数量	単価	金額	数量	単価	金額	数量	単価	金額
4/1	前月繰越	10	740	7,400				10	740	7,400
3	(購入)	20	800	16,000				⎰10	740	7,400
								⎱20	800	16,000
4	(消費)				⎰10	740	7,400			
					⎱5	800	4,000	15	800	12,000

出典：著者作成

(3) 移動平均法

　移動平均法とは、倉庫に入れた、あるいは倉庫から出した時点で加重平均によって単価を算出する方法である。ガソリンスタンドのガソリンタンクをイメージすると、少し理解できるだろう。ガソリンタンクは、空っぽになる前に補充していく。しかし、補充するガソリンの単価は、日によって変動する。原油価格の変動や外国為替レートの変動に影響されるからである。では、タンクに異なる単価のガソリンが入っているということは、顧客が自動車に補給するガソリンの単価をどのように

図表 10-3　移動平均法

	摘要	受入			払出			残高		
		数量	単価	金額	数量	単価	金額	数量	単価	金額
4/1	前月繰越	10	740	7,400				10	740	7,400
3	(購入)	20	800	16,000				30	780	23,400
4	(消費)				15	780	11,700	15	780	11,700

$$\frac{10(枚) \times 740(円) + 20(枚) \times 800(円)}{10(枚) + 20(枚)} = 780 (円)$$

出典：著者作成

捉えるのが適切であろうか。実態にできるだけ整合させるためには、加重平均による算出がもっともふさわしいといえるだろう。

図表10-3では、図表10-2と同様に、4/1の前月繰越では単価が740円であるが、4/3に仕入れた時点では単価が800円に値上がりしている。このとき、4/3時点での残高（在庫）については、異なる単価（740円と800円）であるが同じモノが存在していることになる。このような場合、移動平均法では、総量の移動平均を計算することによって、計算上の単価を算出する。このケースでは、780円という単価が求められるので、その単価に基づいて残高を記録する。さらにその後の4/4に消費された際には、移動平均によって算出された単価を用いて払出を記録する。

2：労務費

労務費とは、『原価計算基準』によれば、「労務用役の消費によって生ずる原価」のことである。これを要約すれば、従業員から労働力の提供を受けることについて支払う対価といえるだろう。労務費は、以下のような内容で構成されている。

- 賃金……………… 生産に携わる工員への労務費
- 給料……………… 事務員や職員への労務費
- 雑給……………… パートタイマー等への労務費
- 従業員賞与手当……… 賞与、通勤手当など
- 福利費……………… 健康保険料（会社負担分）等

また、労務費を算出する公式は、

労務費 ＝ 当該労働力の消費量 × 当該労働力の消費単価

であり、標準原価計算において労務費を算出する場合には、材料費と同様に、この公式に標準消費量と予定単価を、実際原価計算であれば実際消費量と実際単価あるいは予定単価を代入することになる。

当該労働力の消費量は、労働時間に相当する。すなわち、前述の公式をごく簡単に表すとすれば、

労務費 ＝ 時間 × 時給

ということができる。

　料飲サービスにおける労務費は、直接労務費と間接労務費に大別することができる。直接労務費とは、料理や飲料を作るために消費された労働力に対する費用、間接労務費はその他の作業に費やされた労働力に対する費用ということになる。ここではおもに直接労務費に焦点を当てることにする。

　直接労務費については、たとえばシェフが料理を作るために要した時間に対応する費用といえる。キッチンには皿洗いのためのスタッフなど調理を補助するための人員もいるが、こうした人に関する労務費は間接労務費に区分される。また、シェフが皿洗いを行うこともあろうが、このために費やされた労働力に対する労務費も、間接労務費とされる。直接労務費とは、あくまでも「一定単位の製品にその発生額が直接跡づけられるもの」だからである。

　これまで消費された労働力という語を用いてきたが、労務費の計算は労働時間をもって算出される。そこで、キッチンのシェフに関する労働時間について、図表10-4 によって説明する。

図表10-4　シェフの作業時間の構成

勤務時間				
就業時間				定時休憩時間 職場離脱時間
実動時間			手待時間	
直接作業時間		間接作業時間		
段取時間	加工時間			
直接労務費となる時間		間接労務費となる時間		
賃金支払対象となる時間				

出典：建部他［2011］

　勤務時間は、シェフが職場（レストラン等）に拘束される時間である。
　就業時間は、勤務時間のうち会社の規定に基づく休憩時間や、職場を離れた時間を除いた時間である。これが賃金支払いの対象となる。

第 10 章　配賦の計算と管理

　実働時間は、実際に作業を行った時間であり、就業時間から手待ち時間、すなわちシェフ自身の責任ではない理由によって作業ができない時間、たとえばオーダーが入らず調理ができない時間がこれにあたる。

　直接作業時間は、文字どおり直接作業を行っている、つまり、シェフが調理を行っている時間である。直接作業時間は段取り時間と加工時間に区分されるが、段取り時間は作業準備や後始末などに要する時間であり、加工時間は調理そのものに費やす時間である。

　間接作業時間は、調理のための補助的な時間であり、食材の運搬（倉庫やウォークイン冷蔵庫から食材を取り出し運ぶ）などの作業のための時間といえる。前述の、シェフが手待ち時間のうちに皿洗いを行う場合、この時間は手待ち時間ではなく間接作業時間に含めることになる。

　これら細分化した作業時間のうち、直接労務費として計算するのは、直接作業時間（段取り時間＋加工時間）である。その他の時間については、間接労務費となる。

　さて、これまで直接労務費について説明してきたが、これ以降視点を転じて、料飲サービスにおける人件費と生産性について考えてみたい。というのも、料飲サービスを含むサービス業において、生産性の問題が頻繁に取り沙汰されている昨今、この生産性についての理解は欠かせないからである。

　生産性を考えるにあたって必要なことは、「人時」という視点である。これは、「1人1時間あたり」という意味である。これが「人日」となれば「1人1日あたり」、「人月」であれば「1人1ヶ月あたり」ということになる。料飲サービスにおいては「人時」の視点で人件費をとらえることが有効である。

　前章において、「粗利益（あらりえき）＝売上高－売上原価」という公式を扱った。この粗利益を実働時間数、すなわち全スタッフの総労働時間数で除算した値が、「人時生産性」である。

$$人時生産性（人時粗利益）＝\frac{粗利益}{実働時間数}$$

　たとえば、1日の売上高が60万円、売上原価が36万円で、スタッフの総労働時間が100時間だとすれば、

$$粗利益 = 売上高 600000 円 - 売上原価 360{,}000 円 = 240{,}000 円$$

$$人時生産性（人時粗利益） = \frac{粗利益 240{,}000 円}{実働時間数 100 時間} = 2{,}400 円$$

ということになる。

　この人時生産性については、生産性の指標値であることから、当然ながら高いほうがよい。しかし、これを短絡的にとらえると、スタッフの勤務シフトを調整して実働時間数を少なくすることで人時生産性を高めることになる。これが顧客に対するサービスレベルを低下させずに可能なのであれば、有効な手段といえる。しかし、サービスレベルを低下させてまで生産性を向上するというのは、本末転倒かもしれない。よって、生産性の問題を検討するに際しては、サービスレベルの問題を併せて考える必要がある。

　さらに、生産性と併せて考えるべき点が、労働分配率である。労働分配率とは、粗利益に占める人件費の割合であり、人時生産性に労働分配率を乗算することで、人時（1人1時間）あたり人件費を算出することができる。

$$労働分配率 = \frac{人件費}{粗利益}$$

$$人時（1人1時間）あたり人件費 = \frac{粗利益}{実働時間数} \times \frac{人件費}{粗利益}$$

3：経費

　経費とは、『原価計算基準』によれば、「材料費、労務費以外の原価要素」のことであり、具体的には「減価償却費、たな卸減耗費および福利施設負担費、賃借料、修繕料、電力料、旅費交通費等の諸支払経費」のことである。簡単にいえば、材料費と労務費以外の費用といえるだろう。経費を分類すると、

- 支払経費……………… 旅費交通費、修繕料、保管料
- 測定経費……………… ガス代、水道代、電気代
- 月割経費……………… 減価償却費、保険料
- 発生経費……………… たな卸し減耗費など

などがあげられる。

ここで聞き慣れない用語として「減価償却費」があるが、料飲サービス業において重要な費用（経費）であるため、説明を加えることにする。

減価償却とは、「有形固定資産の取得原価をその耐用年数にわたり一定の方法で配分する手続」である。これを図表10-5によって説明する。

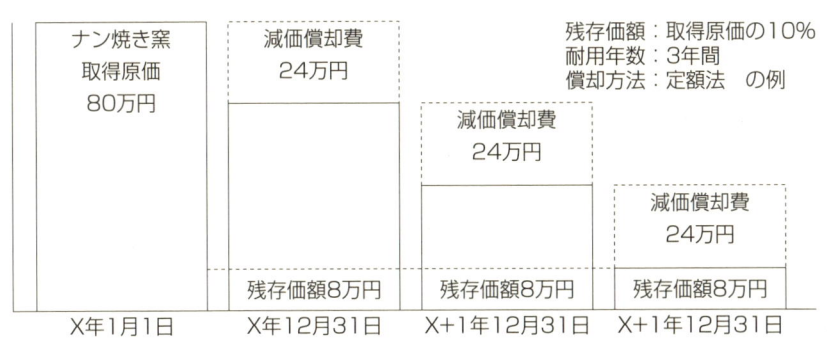

図表10-5　減価償却のしくみ

| ナン焼き窯 取得原価 80万円 | 減価償却費 24万円 | 減価償却費 24万円 | 減価償却費 24万円 | 残存価額：取得原価の10% 耐用年数：3年間 償却方法：定額法　の例 |

残存価額8万円　残存価額8万円　残存価額8万円

X年1月1日　X年12月31日　X+1年12月31日　X+1年12月31日

出典：広瀬［2012］を元に著者作成

　図表10-5は、ナン焼き窯を購入したケースを例にとり、減価償却のしくみを示している。X年1月1日に（設置費用などを含め）80万円のナン焼き窯を購入したわけだが、耐用年数（使用できる期間またはその機器の寿命としてあらかじめ定められた期間）が3年間となっていることから、購入に要した80万円を耐用年数の期間における費用として配分することが適切といえる。つまり、購入したX年初に発生した費用とするのではなく、X+2年の年末までは継続的に使用するとの前提によって費用を分配するというわけである。その際、残存価額として取得原価の10%と定められている。これは、X+2年末が過ぎてもこのナン焼き窯には価値があるとみなし、その価値を残存価額というのである。

さて、図表 10-5 は年単位で説明されているわけだが、コスト管理においては月ごとのコストをとらえる必要がある。というのも、コスト管理は前述のとおり、「資源犠牲の目的が意味のあるものであるのか、本当に達成が必要な目的であるのかを検討」し、「その目的達成のために、いかなる活動が必要であり、その活動遂行のために、どれだけの資源犠牲が必要となるのか」について、「コストを計算し、そのコストに見合う目的であるかどうかを検討する」ことによって、「目的達成に必要な資源犠牲をできるだけ少なくすること、無駄な資源犠牲を行わないようにすること」である。この目的を達成するために、1年間単位でコスト情報をとらえているのでは、何らかの対応を必要とするときにはいわば「時すでに遅し」となりかねない。できれば日ごとにコスト情報を収集し、必要な対策を翌日には打てるようにしたいところであるが、それではコスト管理に要する労力や費用が膨大になりすぎる。そこで、月単位程度のコスト管理が不可欠というわけである。

　さて、図表 10-5 では年単位での減価償却費について考えたわけだが、コスト管理においては月単位でとらえるべきである。よって、コスト管理において経費として扱われる減価償却費については、月割経費として、すなわち、年単位で算出された減価償却費を 12（ヶ月）で除算して、月の経費としてとらえるというわけである。

　なお、さまざまな経費が発生するが、経費については支払時期と消費時期が異なる場合が多い。たとえば、前月や翌月の経費を当月に支払ったり、当月の経費を前月や翌月に支払ったりということである。そこで、「その月の経費をその月のコストとする」ための調整が必要となる。図表 10-6 において、この点を説明する。

図表 10-6　経費の調整

当月支払高		いつ分？			支払時期		
		前月	当月	翌月	前月	当月	翌月以降
＋	当月未払高		◎				◎
－	当月前払高			◎		◎	
－	前月未払高	◎				◎	
＋	前月前払高		◎		◎		

出典：著者作成

当月支払高は、文字どおり当月に支払った経費の額である。

当月未払高は、当月の経費であるが、翌月以降に支払う（当月は未払いにする）経費の額である。

当月前払高は、翌月以降の費用であるが、当月に支払う（前払いする）経費の額である。

前月未払高は、前月の費用であるが、当月に支払う経費の額である。

前月前払高は、当月の費用であるが、前月にすでに支払った経費の額である。

これらについて調整することで、当月の経費を算出することが必要である。すなわち、

```
当月の経費　　＝　当月支払高
　　　　　　　　＋　当月未払高　　－　当月前払高
　　　　　　　　－　前月未払高　　＋　前月前払高
```

によって、当月のビジネスに要した経費を算出するのである。なお、具体的には、

- 支払経費……… 経費の発生した時点を当月の経費とする
- 測定経費……… 毎月1日から末日までの経費をメーター等でチェックし、料率を乗算して計算し当月の経費とする
- 月割経費……… 12（ヶ月）で除算して1ヶ月分を算出し当月の経費とする
- 発生経費……… 発生額をその都度その月（当月）の経費とする

といった方法による。

4：製造間接費

製造間接費とは、間接材料費、間接労務費、間接経費で構成され、「一定単位の製品に直接跡づけられない、つまり複数の製品に共通的に発生する原価要素」である。たとえば間接労務費であれば、皿洗い作業に要した労働力（労働時間）に相応する労務費は、どの料理にいくら費やしたかといった具合に割り当てる（跡づける）ことが不可能である。そこで、ある料理についてのコストを把握したい場合に、製造間接費については、「適正な基準により各製品に配分する」、すなわち、何らかの基準を設けて、その基準に沿って各料理に配分する必要があるというわけである。

この配分のことを「配賦(はいふ)」という。

大学祭での模擬店で焼きそばを調理し販売する例を用いて、この点を説明することにする(図表10-7)。

図表10-7　大学祭で焼きそばを調理販売①

	1食	10食	100食
材料費(1食100円)	100円	1,000円	10,000円
レンタル代(一式5,000円)	5,000円	5,000円	5,000円
原価総額	5,100円	6,000円	15,000円
1食あたりの原価	5,100円	600円	150円
1食あたりレンタル代配賦額	5,000円	500円	50円

出典:建部他[2011]を参考に著者作成

この模擬店では、材料費が1食あたり100円、機材のレンタル代が一式5,000円である。この場合、1食作るだけだとコストの総額は5,100円、10食作ると6,000円、100食作ると15,000円となる。よって、1食あたりのコストは、1食作るだけだと5,100円となるが、10食作ると1食あたり600円、100食作る場合だと150円となり、1食あたりの機材レンタル代配賦額は、1食作るだけだと5,000円、10食作ると500円、100食作ると50円となる。

この例では、メニューが一種類(焼きそば)だけであったため、容易に配賦することができた。では、図表10-8において、同じ模擬店だが焼きそばを並と大盛

図表10-8　大学祭で焼きそばを調理販売②

	計100食	並70食	大30食
売上高(並:500円　大:600円)		35,000円	18,000円
材料費(並1食100円)		7,000円	4,500円
レンタル代(一式5,000円)	5,000円		
原価総額	16,500円		
1食あたりレンタル代配賦額		???	???
1食あたりの原価		???	???

出典:建部他[2011]を参考に著者作成

りの二種類にしたときのケースについて考えてみよう。なお、大盛りは並の1.5倍の量であり、販売単価は並が500円、大盛りが600円とする。

このケースにおいて、1食あたりの機材レンタル代配賦額は、どのように算出すればよいだろうか。いくつかの方法が考えられる。たとえば売上高を基準とすることが可能である。しかしこれは、そもそもコストではなく売上の金額であるので妥当とはいえない。他の方法としては、材料費を基準とする、製造食数を基準とすることが考えられる。

では、まずは材料費を基準とした配賦額を計算する。すると、

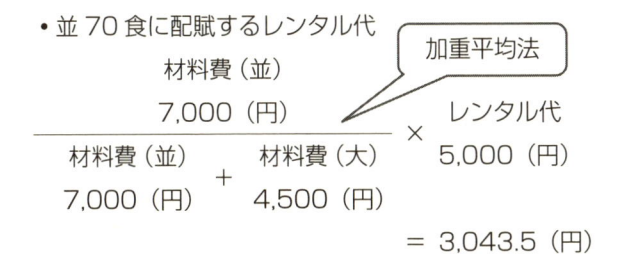

- 並 70 食に配賦するレンタル代

$$\frac{材料費（並）7,000（円）}{材料費（並）7,000（円） + 材料費（大）4,500（円）} \times レンタル代 5,000（円） \text{（加重平均法）}$$

$$= 3,043.5（円）$$

- 並 1 食分

  3,043.5（円）÷ 70（食）= 43.5（円）

- 大 30 食に配賦するレンタル代

$$\frac{材料費（大）4,500（円）}{材料費（並）7,000（円） + 材料費（大）4,500（円）} \times レンタル代 5,000（円）$$

$$= 1,956.5（円）$$

- 大 1 食分

  1,956.5（円）÷ 30（食）= 65.2（円）

との計算により、並 1 食あたりの機材レンタル代配賦額は 43.5 円、大盛りでは 65.2 円となる。

では、製造食数を基準とする場合には、どうなるだろうか。この場合は計算がきわめて単純である。すなわち、

1食あたりの機材レンタル代配賦額
＝ 機材レンタル代 5,000 円 ÷ 総食数 100 食 ＝ 50 円
となる。

材料費を基準とする方法と、製造食数を基準とする方法によって計算してきたが、これらをまとめると、図表10-9のようになる。

このように、配賦基準によってコストが変わるのである。少々不思議な感があるかもしれないが、これこそがコスト管理の難しいところであるとともに、ビジネスの実態に即した、かつ、コスト管理をより的確に行うためのルールづくりが求められる所以ということができる。

図表10-9 大学祭で焼きそばを調理販売(2種類)

計100食	金額基準		食数基準	
	並70食	大30食	並70食	大30食
材料費 (並1食100円)	7,000円	4,500円	7,000円	4,500円
レンタル代 (一式5,000円)	5,000円		5,000円	
原価総額	16,500円		16,500円	
1食あたり レンタル代配賦額	43.5円	65.2円	50円	50円
1食あたりの原価	143.5円	215.2円	150円	200円

出典：著者作成

■参考文献

櫻井通晴[2014],『原価計算』同文舘出版．
清水均[1994],『フードサービス攻めの計数』商業界．
建部宏明・山浦裕幸・長屋信義[2011],『基本原価計算(第四版)』同文舘出版．
広瀬義州[2012],『財務会計(第11版)』中央経済社．
廣本敏郎[2008],『原価計算論(第2版)』中央経済社．

第11章
損益分岐点分析

コストには、食材コストのように売上高や販売数量に比例して増加するものと、店舗家賃のように比例せずに発生するものがある。これまで学んだ事柄とは異なる視点でコストを分類することで、コスト管理についての新たな視点を得ることができる。また、損益分岐点とは、いわば利益や損失がゼロとなる売上高や販売数量などのことであり、これを知ることはコスト管理における重要な点といえる。

1：固定費と変動費

　これまでコストの分類を扱ってきたが、これまでとは別の方法で、コストを固定費と変動費に分類することができる。固定費とは「生産量が変化しても総額では変化しない原価」であり、変動費とは「生産量に比例して増加する原価」である。

　コストの発生額に対して影響を及ぼす要因のことを、コスト・ドライバーという。よって、固定費と変動費にコストを分類するに際し、固定費については「コスト・ドライバーが変化しても、変化しない原価」、変動費については「コスト・ドライバーの変化に比例して変化する原価」ということもできる。また、生産量やコスト・ドライバーとともに、これらの説明を「操業度」としてとらえることも可能である。

　固定費と変動費のイメージをつかみやすくするため、図表 11-1 を用いて説明を加えることにする。

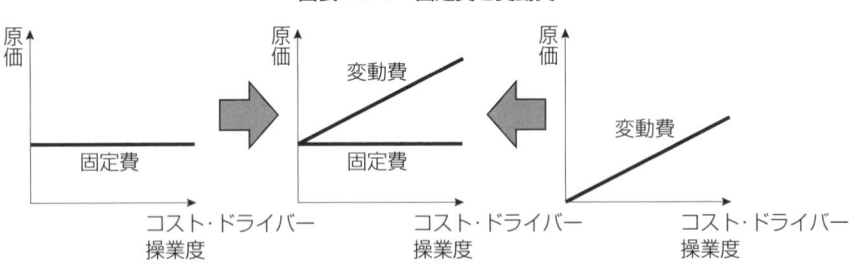

図表 11-1　固定費と変動費

出典：廣本［2008］、建部他［2011］より著者作成

　料飲サービス業においてコスト・ドライバーあるいは操業度としてイメージしやすいのは、料理の販売食数やお店への来店客数であろう。食数を例にとれば、変動費になるのは料理の直接材料費である。販売食数の増加に比例して、直接材料費は増加する。いっぽう固定費の例としては、お店の家賃をあげられる。販売食数が増えようが減ろうが、極端にいえば販売食数や来店客数がゼロであるとしても、お店を営業しているかぎり、いや、お店として店舗を借りているかぎり、家賃は発生し続ける。

　このように、料飲サービス業におけるコストは、固定費と変動費に大別することができるのである。具体的な数値をあてはめて、レストランにおける固定費と変動

第 11 章 損益分岐点分析

費について、図表 11-2、図表 11-3、図表 11-4 を用いてこの点を考えてみたい。このレストランにおいては、変動費として直接材料費が 1 食あたり 50 円、固定費として店舗家賃が 2,000 円発生しているものとし、説明を簡易なものとするため、他の費用は検討対象外とする。

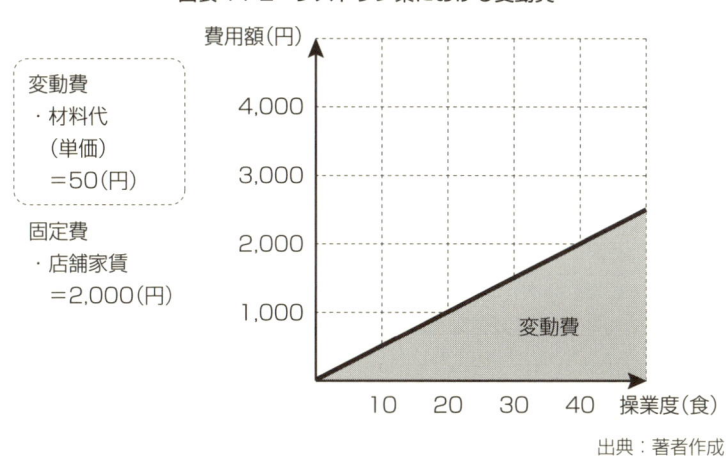

図表 11-2　レストラン業における変動費

変動費
・材料代
（単価）
＝50(円)

固定費
・店舗家賃
＝2,000(円)

出典：著者作成

1 食あたり 50 円の直接材料費なので、20 食では 1,000 円、40 食では 2,000 円というように、操業度に比例して費用額が増えていく。

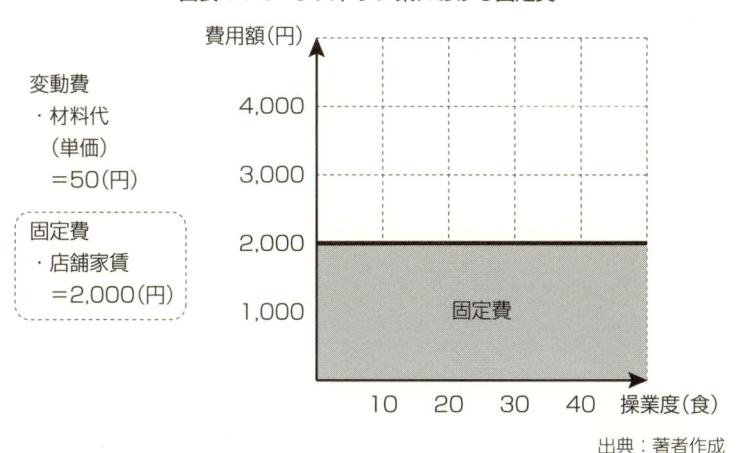

図表 11-3　レストラン業における固定費

変動費
・材料代
（単価）
＝50(円)

固定費
・店舗家賃
＝2,000(円)

出典：著者作成

いっぽうで、店舗家賃は操業度に関係なく発生するため、2,000円で一定である。これら（図表11-2と図表11-3）を合体すると、図表11-4のようになる。

図表11-4　レストラン業における変動費と固定費①

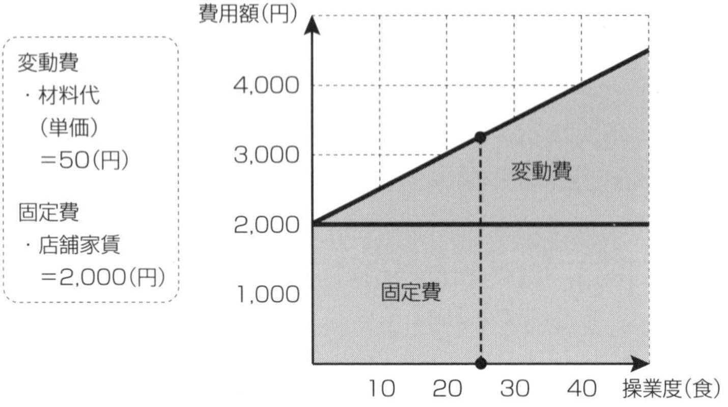

変動費
・材料代
（単価）
＝50（円）

固定費
・店舗家賃
＝2,000（円）

出典：著者作成

すなわち、たとえば28食のときの費用総額は

3,400円：（固定費2,000円＋変動費1,400円（50円×28食））

というわけである。

　なお、これまで示してきた固定費と変動費の図表（グラフ）のように、変動費を上側に、固定費を下側に配置する形のほかに、上限を逆転する形式のものもある（図表11-5）。

　コストを、全体（総額）としてとらえるよりも、固定費と変動費に分けてとらえることによって、より正確なコスト・ビヘイビア（原価態様）を知ることができる。コスト・ビヘイビアとは、「操業度の増減に伴って原価が変化していく様子」のことである。よって、変動費のコスト・ビヘイビアは図表11-2、固定費のコスト・ビヘイビアは図表11-3によって示され、このレストラン全体としてのコスト・ビヘイビアは図表11-4および図表11-5によって示されているというわけである。

　そこで、コスト全体のうち、固定費の割合が大きいビジネススタイルと、変動費の割合が大きいビジネススタイルについて考えてみたい（図表11-6）。

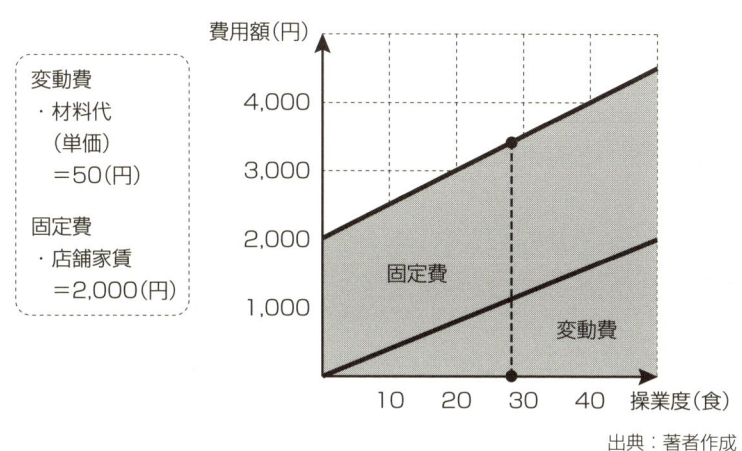

図表 11-5　レストラン業における変動費と固定費②

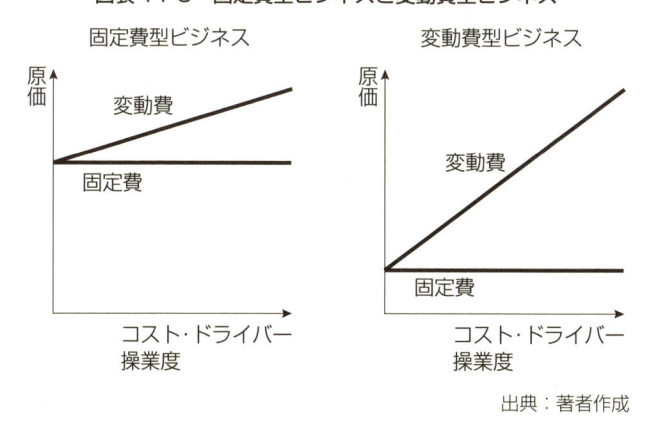

変動費
・材料代
（単価）
＝50（円）

固定費
・店舗家賃
＝2,000（円）

出典：著者作成

図表 11-6　固定費型ビジネスと変動費型ビジネス

出典：著者作成

　固定費の例としてあげられるコストは、前述の家賃もそうだが、正規従業員の人件費や減価償却費がある。よって、多数の従業員を要するビジネスや、固定装置（建物や備品など）を必要とするビジネスにおいては、固定費の割合が必然的に大きくなる。たとえば鉄道会社であれば、車両や線路、駅舎といった多くの固定装置を有するため、減価償却費が大きくなるし、電車を運行するための乗務員や駅員、司令室や管理部門など、数多くの人員を要するための人件費も多い。
　いっぽうで変動費の割合が大きいビジネスとして、ホテル業をあげることができ

る。ホテル業というと一般的に、建物や人員など多くの固定費を要するビジネスに思えるかもしれない。しかしここであつかうホテル業とは、グローバル・チェーンのホテル運営会社、たとえばインターコンチネンタルやスターウッド、マリオットといった企業、いわゆるホテルの運営面を担当するオペレーター企業のことである。これらの企業では、土地や建物を自社で所有しホテルを経営しているというケースはごく少数であり、多くのホテルについてはフランチャイザーとして、またはマネジメント契約によって運営している。つまり、いわゆる「持たざる経営」であり、ホテルビジネスのノウハウを提供することによって収益を獲得しているのである。このことから、一般的にイメージするよりもはるかに少ない固定費で経営されているのである。図表11-7はホテル業における代表的な運営方法であるが、グローバル・チェーンと呼ばれるホテルでは、所有直営スタイルでのホテル運営はごく少数である。

図表11-7 ホテルに関係する主体の分類

	所有直営	賃貸借契約	マネジメント契約	フランチャイズ	マネジメント契約+賃貸借
不動産所有	ホテル会社	不動産所有者	経営会社	経営会社	不動産所有者
什器備品所有	ホテル会社	不動産所有者/ホテル会社	経営会社	経営会社	経営会社
経営	ホテル会社	不動産所有者	経営会社	経営会社	経営会社
従業員の帰属	ホテル会社	不動産所有者	経営会社	経営会社	経営会社
人事権・運営権	ホテル会社	不動産所有者	運営会社	経営会社	運営会社
ブランド（看板）	ホテル会社	不動産所有者	運営会社	運営会社	運営会社
マーケティング	ホテル会社	ホテル会社	運営会社	運営会社	運営会社
	帝国ホテル東京、ホテルオオクラ東京、ホテルニューオオタニ	マンダリンオリエンタル東京、ザ・リッツカールトン東京、シャングリ・ラ・ホテル東京、ロイヤルパーク汐留タワー	ウェスティンホテル東京、パークハイアット東京、グランドハイアット東京、コンラッド東京、ANAインターコンチネンタル東京、	ホテルインターコンチネンタル東京ベイ、シェラトン都ホテル東京、名古屋マリアットアソシアホテル	ヒルトン東京

出典：徳江[2009]

よって、ホテル・オペレーター企業は変動費型ビジネスの例ということができるのである。

2：損益分岐点分析

前項において固定費と変動費にコストを分類することについて説明した。この分類を「固変分解」（固定費と変動費に分解）という。では、この分類を用いて、損益分岐点分析について考えていくことにしよう。

利益を獲得するためには、料飲サービス業であれば料理やドリンクを販売しなければならない。しかし、ただ販売すればよいというわけではなく、ある一定量以上を販売しなければならない。直接材料費を賄うのであれば直接材料費より大きな金額で販売すればよいが、直接材料費の他にも数多くのコスト項目が存在し、それらの合計が総コストとして発生しているからである。

では、いったいどれほどの量を販売すればよいのだろうか。その点を明らかにする方法が、損益分岐点分析（Break-Even Analysis）である。損益分岐点（BEP；Break-Even Point）とは、「損失（費用と損失）と収益が分岐する（利益がゼロになる）点」のことであり、損益分岐点分析とは、損益分岐点を算定するための分析であり、また、「損益分岐点を算出する過程を通じて原価・操業度・利益（C-V-P）の関係を分析すること」である。ここにいうC-V-Pとはそれぞれ、コスト（Cost）、操業度（Volume）、利益（Profit）の略である。

あるレストランにおいて、コスト・ビヘイビアにまったく変化が起きないと仮定した場合における、売上高と利益の関係は、図表11-8のように示すことができる。このレストランでは、変動費が売上高の40％、固定費が180万円である。

図表11-8によれば、このレストランでは、月あたりの売上高が300万円を超えなければ、利益を獲得できないことがわかる。すなわち、このレストランにおける損益分岐点売上高は300万円であることがわかる。

このことから、利益管理において、つまりビジネスにおいて利益を獲得できるよう計画し実行・統制するためには、損益分岐点売上高がいくらであるかを知る必要があることがわかる。やみくもにビジネスを行って売上高を高め、コストの減算した結果として利益がこれだけになったというのではなく、いくら以上は販売しなけ

図表 11-8　同一コスト・ビヘイビアにおける売上高と利益の関係

	1月	2月	3月
売上高	250万円	300万円	350万円
変動費	100万円	120万円	140万円
限界利益	150万円	180万円	210万円
固定費	180万円	180万円	180万円
営業利益	▲30万円	0円	30万円

※限界利益 ＝ 売上高 － 変動費

出典：著者作成

ればならないと考えるべきなのは、いわばあたりまえといえるのである。

　では、どのようにして損益分岐点売上高を算出することができるのだろうか。損益分岐点売上高を算出するための公式は、次のとおりである。

$$損益分岐点売上高 = \frac{固定費}{1 - \dfrac{変動費}{売上高}}$$

　固定費と変動費については、すでに説明したとおりである。「変動費÷売上高」は「変動費率」ともいわれ、売上高に占める変動費の割合を意味する。すなわちこの公式は、次のように変形することができる。

$$損益分岐点売上高 = \frac{固定費}{1 - 変動費率}$$

　さらに、図表 11-8 に述べたとおり、売上高から変動費を減算した値を限界利益といい、売上高に占める限界利益の割合を「限界利益率」という。よってこの公式は、次のようにも変形することができる。

$$損益分岐点売上高 = \frac{固定費}{限界利益率}$$

　なお、参考までに、これら損益分岐点売上高の公式を導き出すためのプロセスを、以下に示す。

第11章 損益分岐点分析

売上高 － 費用（コスト） ＝ 利益
　　費用＝固定費＋変動費 なので
売上高 －（固定費 ＋ 変動費）＝ 利益
売上高 －　固定費 － 変動費 ＝ 利益
　　利益がゼロとなる売上高が損益分岐点売上高なので
売上高 －　固定費 － 変動費　＝ 0（ゼロ）
　　変動費＝売上高×変動費率 なので
売上高 － 固定費 －（売上高 × 変動費率）＝ 0
　　固定費以外を移項すると
固定費 ＝ 売上高 －（売上高 × 変動費率）
固定費 ＝ 売上高 ×（1　　－ 変動費率）
　　両辺を（1-変動費率）で除算して

$$売上高 = \frac{固定費}{(1 - 変動費率)}$$

　よって

$$損益分岐点売上高 = \frac{固定費}{1 - \dfrac{変動費}{売上高}}$$

この公式に前述のレストランの、3月のデータをあてはめると、次の計算となり、損益分岐点売上高＝300万円となる。

$$損益分岐点売上高 = \frac{固定費 180万円}{1 - \dfrac{変動費 140万円}{売上高 350万円}}$$
$$= 300万円$$

$$損益分岐点売上高 = \frac{固定費 180万円}{1 - 変動費率 0.4} = 300万円$$

$$損益分岐点売上高 = \frac{固定費 180 万円}{限界利益率 0.6} = 300 万円$$

では、損益分岐点について、図表 11-9 のグラフを用いて説明する。なお、図表 11-9 のように固定費と変動費、そして売上高を示したグラフを、「利益図表」と呼ぶ。利益図表は、おもに利益計画の立案において用いられる。

図表 11-9　利益図表①

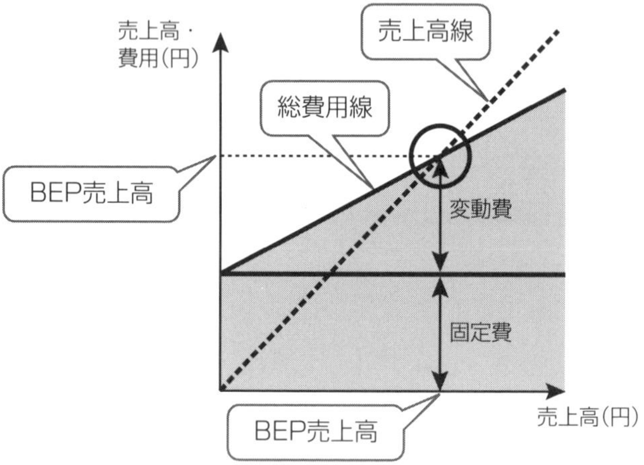

出典：著者作成

固定費と変動費については、前項で説明したとおりである。これに、点線で示した売上高の直線を加え、総費用線と売上高線の交わる点が、損益分岐点売上高を表す。よって、グラフ上、この点より左側（原点に近い側）では赤字が発生しているというわけである。

さらに、図表 11-5 と同様に上下を逆転させると、図表 11-10 のようになる。

図表 11-10 では、角度で示した箇所に、前述した限界利益率が示されることになる。

では、図表 11-6 で示した固定費型ビジネスと変動費型ビジネスの比較について、利益図表（図表 11-11）を用いて考えてみたい。すなわち、コスト・ビヘイビアだけではなく、コスト・ビヘイビアと売上高との関連からわかることについて考えることで、固定費型と変動費型での特徴を知ることができる。

第 11 章　損益分岐点分析

図表 11-10　利益図表②

出典：著者作成

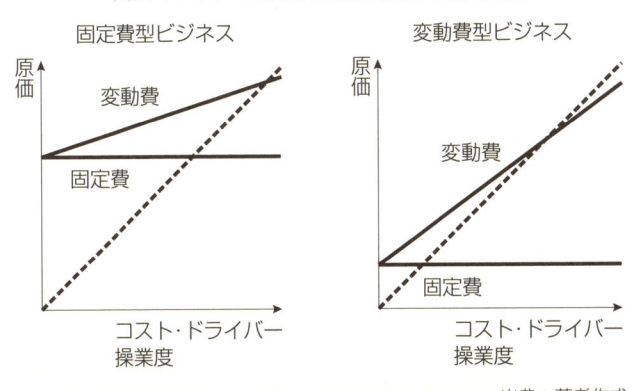

図表 11-11　固定費型と変動費型の利益図表

固定費型ビジネス

変動費型ビジネス

出典：著者作成

　まず、総費用線と売上高線の交点の角度に注目してもらいたい。固定費型ビジネスでは角度が大きく、変動費型ビジネスでは角度が小さい。このことは、固定費型ビジネスでは好況時に、すなわち簡単にいえば、来客数が多く、料理やドリンクがよく売れるときに利益が一気に増えるが、不況時にはその逆に、一気に赤字幅が広がるという特徴がある。いっぽうで変動費型ビジネスでは、好況時に、すなわち簡単にいえば、来客数が多く、料理やドリンクがよく売れるときであっても利益は緩やかに増えるが、不況時であっても一気に赤字幅が広がるというわけではなく緩や

かに広がるという特徴を見てとれる。

　昨今の景気状況をみると、徐々に景気が回復してきているように思える。しかし、いつどのような事態が起き、景気が後退するかは誰も何ともいえないというのが正直なところだろう。そこで、多くの企業が変動費型ビジネスへの転換を図っているのである。具体的には、非正規雇用従業員の割合を増やすことで人件費を変動費化したり、ファブレス企業といって工場を持たない製造業の企業が誕生したりしている。また、ホテル業においても前述のとおり、持たざる経営がグローバル・チェーンにおいて実施されていると考えることができる。

3：利益管理

　利益管理とは、文字どおり利益を管理することである。つまり、どれだけ売れればどれほどの利益が得られるかを計画し、計画に基づいて実行し、統制することといえる。

　利益管理において、前項で述べた固定費と変動費の概念は重要である。というのも、利益は売上高からコストを減算した結果として算出されるものではあるが、その算式（売上高 - コスト）にあるコストに関連し、コスト・ビヘイビアが利益に大きく影響するからである。そこで、損益分岐点分析に基づいた利益に関する計画・実行・統制が求められるのである。

　では、図表 11-12 を用いて、利益管理について考えてみたい。

図表 11-12　目標利益の達成

	Y店	Z店
売上高	4,000万円	4,000万円
変動費	2,000万円	3,200万円
限界利益	2,000万円	800万円
固定費	1,600万円	400万円
営業利益	400万円	400万円

【利益倍増指令】目標営業利益：800万円

出典：著者作成

第 11 章　損益分岐点分析

　Y 店と Z 店では、現在の営業利益が 400 万円である。コスト・ビヘイビアについては、Y 店が固定費型、Z 店が変動費型であることがわかる。これら 2 店において、営業利益 800 万円を達成するために要する売上高はどれほどなのだろうか。

　たとえば単純に売上高を 2 倍にすると、どうなるだろうか。図表 11-13 はそのことを示している。

図表 11-13　目標利益の達成案

	Y 店	Z 店
売上高	8,000 万円	8,000 万円
変動費	4,000 万円	6,400 万円
限界利益	4,000 万円	1,600 万円
固定費	1,600 万円	400 万円
営業利益	2,400 万円	1,200 万円

【利益倍増指令】目標営業利益：800 万円

出典：著者作成

　確かに目標営業利益の 800 万円を超えてはいるが、いま知りたいのは「営業利益 800 万円を達成するために要する売上高はどれほどなのか」、すなわち営業利益がちょうど 800 万円となる売上高である。

　前項において、損益分岐点売上高を求める公式を扱った。すなわち、

$$損益分岐点売上高 = \frac{固定費}{1 - \dfrac{変動費}{売上高}}$$

である。この公式を応用することで、目標利益を達成するための売上高を算出することができる。

　目標利益達成売上高を算出するための公式は、次のとおりである。

$$目標利益達成売上高 = \frac{固定費 + 目標利益}{1 - \dfrac{変動費}{売上高}}$$

もちろんこの公式は、損益分岐点売上高を求める公式と同様に、次の2つの公式への変形が可能である。

$$目標利益達成売上高 = \frac{固定費 + 目標利益}{1 - 変動費率}$$

$$目標利益達成売上高 = \frac{固定費 + 目標利益}{限界利益率}$$

図表11-12をこの公式にあてはめると、次のようになる。

Y店

$$目標利益達成売上高 = \frac{固定費1,600万円 + 目標利益800万円}{1 - \dfrac{変動費2,000万円}{売上高4,000万円}}$$

$$目標利益達成売上高 = \frac{2,400万円}{0.5} = 4,800万円$$

Z店

$$目標利益達成売上高 = \frac{固定費400万円 + 目標利益800万円}{1 - \dfrac{変動費3,200万円}{売上高4,000万円}}$$

$$目標利益達成売上高 = \frac{1,200万円}{0.2} = 6,000万円$$

よって、図表11-12で各店が目標利益800万円を達成するためには、Y店は4,800万円、Z店では6,000万円の売上高が必要ということがわかる。

しかし、単なる計算だけでは利益管理とはいえない。目標利益を達成するための売上高を算出できたとしても、それをより達成しやすくすることが必要である。すなわち、コスト・ビヘイビアの見直しが欠かせないというわけである。

Y店のような固定費型では、固定費の増加を抑えることに注力しなければならない。固定費の増加によって、不況時の赤字幅がますます広がりやすくなることを考えると、たとえば固定費の変動費化といった施策によって固定費率の増加をおさえ

ることが必要である。すでに発生している固定費そのものについては、その額を下げるということはあまり現実的とはいえないため、今後発生するコストについて変動費化することが実際的な施策といえるだろう。いっぽうで変動費型においては、変動費の抑制が主要な施策となる。たとえば材料費の見直しといった方法により変動費を抑えることで、利益が出やすい財務体質へと（徐々に）変化させることができる。

　このように、損益分岐点分析と利益管理の考え方を用いて、企業が求める利益を獲得するため、また、獲得しやすくするためのしくみづくりが不可欠といえるのである。

■参考文献
櫻井通晴［2014］,『原価計算』同文舘出版．
清水孝・長谷川惠一・奥村雅史［2004］『入門原価計算（第2版）』中央経済社．
建部宏明・山浦裕幸・長屋信義［2011］,『基本原価計算（第四版）』同文舘出版．
徳江順一郎［2009］,「サービス産業におけるファイナンスのスキームに関する一考察-ホテル、航空、鉄道の事例を中心に-」『ツーリズム学会誌』No.9, ツーリズム学会．
廣本敏郎［2008］,『原価計算論（第2版）』中央経済社．

第12章
原価企画とその他の原価計算

コストを考えるにあたっては、単に発生してしまった費用ととらえるだけでなく、どれほどのコストを費やすことが可能かという視点も不可欠である。また、製品1単位（たとえば料理1品）についての総コストを知るためには、間接費に分類されたコストをどのように扱うかが難しい点である。本章では原価企画と活動基準原価計算を学ぶことによって、これらの考え方について知ることができる。

1：原価企画

※当項では岡本［2000］、櫻井［2014］を主要文献とする

　岡本［2000］によれば、原価企画（target cost management; target costing）は、新たなコスト管理のひとつとして注目されており、「トヨタ自動車が1960年から独自に開発した戦略的利益管理・原価管理方式」で、「新製品開発にさいし、商品企画から開発終了までの段階において、目標利益を確保するために設定された目標原価を作り込む活動」である。原価企画を「目標原価計算（target costing）」ととらえることもできる。

　これまで、

　　売上高 － 原価（費用、コスト） ＝ 利益

という算式を多く用いてきた。もちろんこれは正しいものである。しかし原価企画においては、この式を変形し、

　　予想競争市価 － 所要利益 ＝ 許容原価

ととらえることがポイントである。すなわち、売上高を販売価格と販売数量の積ととらえるならば、売上高の構成要素といえる販売価格（あるいは市価）が「企業内における計画や活動を規制する」ものととらえ、さらに利益についても所要のもの、すなわち必要とされるものととらえることで、当該製品に対する許容原価、その製品に費やすことのできる原価（コスト）を算出しようとするのである。

　原価企画においては、VE（価値工学；value engineering）が活用される。VEは、「製品またはサービスを機能との関係で検討することによって、機能や品質との関係で理想的なコスト低減を実現」する手法である。この「価値」については、

$$価値\ Value\ =\ \frac{機能\ Function}{原価\ Cost}$$

との式で考えることができる。すなわち、たとえばこれまでと同等のサービスレベルを達成できるであろう料理や接客を提供するために、コストを低減することで、顧客にとっての価値（たとえば満足度）が向上するというわけである。あるいは、

これまでと同じコストで、より良いサービスレベルを達成できるであろう料理や接客を提供できるのであれば、やはり顧客にとっての満足度が高まるというのである。

料飲サービス業を含めたサービス業における原価企画については、岡田［2010］が図表12-1を示しつつ、「サービス分野では特に、『原価、価格、価値』の関係を統合的に設計・管理する必要性が高い」と指摘している。

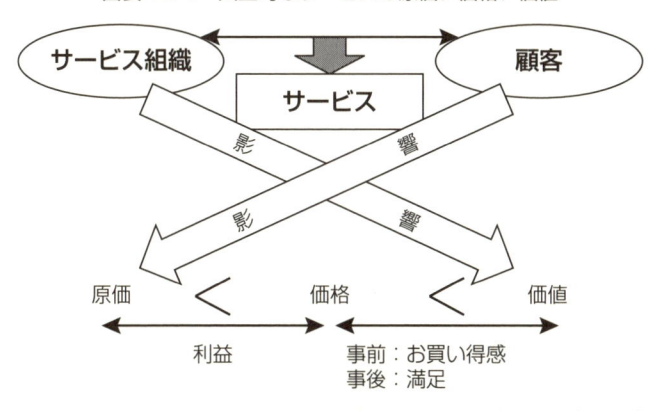

図表12-1　典型的なサービスの原価、価格、価値

出典：岡田［2010］

岡田［2010］は、マーケティングにおいて「提唱された価値共創という考え方、そしてドイツ語圏で伝統的な外部精査要素という考え方」をもとに、図表12-1にあるように「典型的なサービスでは、顧客も原価発生に直接的な影響を与え、かつサービス組織も価値発生に直接的な影響を与える」としている。よって、サービス業における原価企画が重要であることを指摘しているのである。

2：活動基準原価計算

これまで、コスト管理について説明してきた。コスト管理の目的は、製品1単位（たとえば料理1品）あたりのコストを算出して、販売価格との差額である利益を把握し、増大することであるといえる。では、料理1品あたりのコストは、どのようにして算出すればよいのであろうか。

直接費（直接材料費、直接労務費、直接経費）については、ある程度容易に算出することができそうである。直接費とは、特定の製品（料理）と関連づけて把握できるコストだからである。しかし間接費（間接材料費、間接労務費、間接経費）はどのように扱って、料理1品あたりのコストとすればよいのであろうか。間接費とは、特定の製品（料理）とは関連づけられないコストであるから、料理1品あたりに配賦するためには、何らかの基準が必要である。

　図表12-2は、あるレストランが提供しているコース料理（2種類）を例示している。各コース料理の販売価格と直接費が明示されているが、はたしてこれら直接費を販売価格から減算した値を利益と呼んでよいのであろうか。もちろん答えは否である。どのような料理であっても、間接費が関係していることはいうまでもない。ではレストランにおける間接費として考えうる、たとえば配膳やバッシングを担当するスタッフの労務費や経費、オーダーを待っている間の労務費や経費、食器を洗うための材料費や労務費、経費などは、どのようにして料理1品のコストとして配賦すればよいのであろうか。

図表12-2　コース料理の例

	Aコース	Bコース
売価	8,000	5,000
直接材料費	2,500	1,500
直接労務費	900	800
直接経費	400	500
利益（？）	4,200	2,200

出典：著者作成

　ここでは、活動基準原価計算（ABC; Activity-Based Costing）について、このケースを用いて扱うものとする。活動基準原価計算とは、櫻井[2014]によれば、「製品が活動を消費し、活動が資源を消費する」とのコンセプトのもと、「資源の原価を活動に割り当て、活動をもとに原価計算対象に原価を割り当てる」というコスト管理の手法である。また、清水[2002]によれば、「資源の消費をその消費に関わる活動に割り当て、次に製品を生産するために遂行された活動に基づいて原価を割り当てようとする原価計算の方法」であり、「製品を生産するために各種の活動

が実行され、活動が実行されることによって原価が発生するという流れを原価計算に反映させる」方法である。製造業における製造間接費の配賦を対象として構築された手法ではあるが、近年この活動基準原価計算をホスピタリティ産業に適応すべきであるとの意見が多く聞かれる。

ではまず、従来の(伝統的な)間接費配賦方法の一例に基づいて、図表12-2のケースを用いて考えてみることにする。このケースにおける追加条件として、以下のものをあげる。

・コスト・ドライバー：調理時間(Aコース：45分間、Bコース：25分間)
・販売食数：Aコース50食、Bコース60食
・間接費(ホールスタッフ、仕込み、皿洗い等)総額：300,000円

ここにいうコスト・ドライバーとは「原価作用因」ともいい、「原価を発生させる要因」、「原価の発生を引き起こす要因」などのことである。よって、このケースでは、調理時間を基準として、間接費の配賦を行う。すると、次のような計算をすることになる。

調理時間の算出
　　Aコース：50食 × 60分間 = 2,250分間
　　Bコース：60食 × 25分間 = 1,500分間

間接費の配賦割合

$$A コース： \frac{2,250 分間}{2,250 分間 + 1,500 分間} = 0.6 (60\%)$$

$$B コース： \frac{1,500 分間}{2,250 分間 + 1,500 分間} = 0.4 (40\%)$$

間接費の配賦
　　Aコース：間接費総額300,000円 × 間接費の配賦割合0.6 = 180,000円
　　Bコース：間接費総額300,000円 × 間接費の配賦割合0.4 = 120,000円

1食あたり間接費の算出

Aコース：配賦された間接費 180,000 円 ÷ 50 食 ＝ 3,600 円
Bコース：配賦された間接費 120,000 円 ÷ 60 食 ＝ 2,000 円

この算出値を図表 12-2 に追加すると、図表 12-3 のようになる。

図表 12-3　コース料理の例（間接費を追加①）

	Aコース	Bコース
売価	8,000	5,000
直接材料費	2,500	1,500
直接労務費	900	800
直接経費	400	500
間接費（配賦額）	3,600	2,000
利益（？）	600	200

出典：著者作成

はたしてこれで、正しいコストが計算され、正確な利益が算出されたといえるのであろうか。というのも、あくまでも調理時間のみに基づいた計算であるため、実態を反映しきれていないという状況が存在するのである。

活動基準原価計算では、前述のとおり各種の「活動」に焦点を当てている。このしくみについて、図表 12-4 を用いて説明する。

図表 12-4　経営資源、リソースコスト、アクティビティの関係

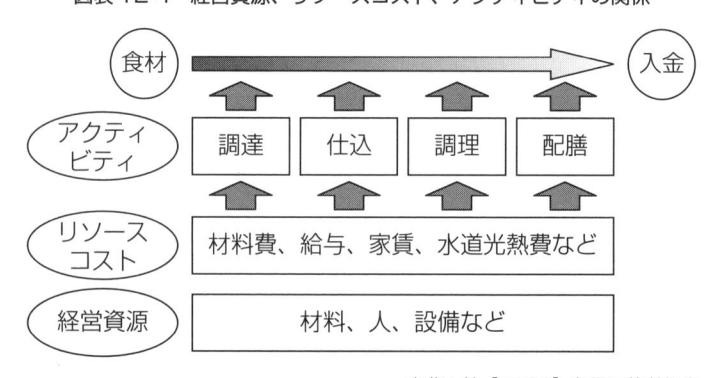

出典：林［2002］を元に著者作成

林 [2002] によれば、材料を調理し顧客から入金されるという料飲サービスにおける一連の流れのなかで、材料の調達、仕込み作業、調理、配膳、そして入金という活動（アクティビティ）が存在し、その活動を行うためには経営資源の消費となる費用（材料費、スタッフの給料、店舗の家賃、水道光熱費など）が発生しており、それらの費用は材料やスタッフ、設備といった経営資源が使われることで発生しているというわけである。

これらのうちの多くは、料理1品（このケースではコース料理一式）に直接関連づけることが難しい。たとえば間接経費となる手待ち時間の給料などは、どちらのコースの費用として扱えばよいか不明である。そこで、活動基準原価計算により、料飲サービスにおけるさまざまな「活動（アクティビティ）」を配賦基準として用いるというわけである。

そこで、図表12-5に、コストを各コース料理に配賦する一連の流れを示し、これをもとに説明していくことにする。

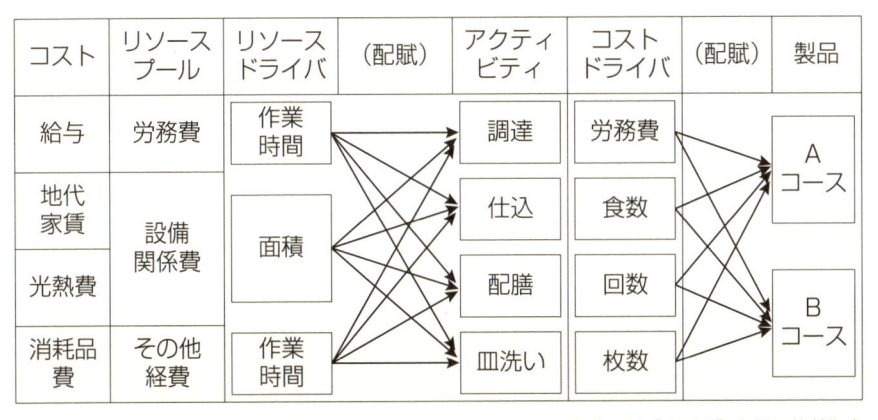

図表12-5　レストランにおける活動基準原価計算例

コスト	リソースプール	リソースドライバ	(配賦)	アクティビティ	コストドライバ	(配賦)	製品
給与	労務費	作業時間		調達	労務費		Aコース
地代家賃	設備関係費	面積		仕込	食数		
光熱費				配膳	回数		Bコース
消耗品費	その他経費	作業時間		皿洗い	枚数		

出典：林 [2002] を元に著者作成

まず、いくつかのコスト項目（勘定科目）について、同様に発生するものをまとめてリソースプールとする。つぎに、各リソースプールについて、リソース・ドライバーを設定する。リソース・ドライバーは「資源作用因」ともいい、「活動が資源を消費する」（櫻井 [2014]）との前提のもとで設定される、経営資源（リソース）を活動に割り当てるための基準である。続いて、「製品が活動を消費」（櫻井

[2014]）するとの前提により、各製品、ここでは各コース料理一式に対してどれほどの活動を要するかを表すコスト・ドライバーを設定したうえで、各コースに割り当てる。この一連の流れにより、間接費を製品に配賦するのである。

では、図表12-5に示した流れを、図表12-6の数値情報を与件として追加して確認することにする。

図表12-6　与件

			コース	食数	回数	皿の枚数
労務費	240,000円		A	50	24	10
設備関係費	40,000円		B	60	26	10
その他経費	20,000円		計	110	50	20
間接費	300,000円					

アクティビティ	作業時間	使用面積
調達	2時間	20m²
仕込み	16時間	40m²
配膳	50時間	300m²
皿洗い	12時間	40m²
計	80時間	400m²

出典：著者作成

◆リソースプール → （リソース・ドライバー） → アクティビティ

まず、リソースプールごとのコストを、リソース・ドライバーに基づいて各アクティビティに割り当てる。

・労務費

労務費に対するリソース・ドライバーは作業時間であるから、これに基づいて労務費を各アクティビティに割り当てる。

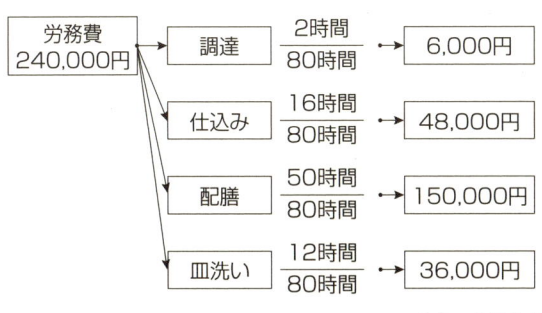

第 12 章　原価企画とその他の原価計算

図表 12-7　労務費をアクティビティに割り当てる

労務費 240,000円
→ 調達　$\frac{2時間}{80時間}$ → 6,000円
→ 仕込み　$\frac{16時間}{80時間}$ → 48,000円
→ 配膳　$\frac{50時間}{80時間}$ → 150,000円
→ 皿洗い　$\frac{12時間}{80時間}$ → 36,000円

出典：著者作成

・設備関係費

　設備関係費に対するリソース・ドライバーは面積であるから、これに基づいて設備関係費を各アクティビティに割り当てる。

図表 12-8　設備関係費をアクティビティに割り当てる

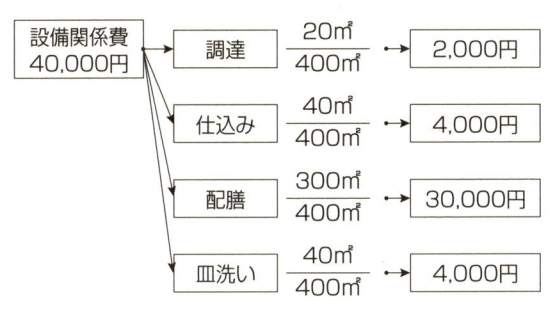

設備関係費 40,000円
→ 調達　$\frac{20㎡}{400㎡}$ → 2,000円
→ 仕込み　$\frac{40㎡}{400㎡}$ → 4,000円
→ 配膳　$\frac{300㎡}{400㎡}$ → 30,000円
→ 皿洗い　$\frac{40㎡}{400㎡}$ → 4,000円

出典：著者作成

・その他経費

　その他経費に対するリソース・ドライバーは作業時間であるから、これに基づいてその他経費を各アクティビティに割り当てる。

図表 12-9　その他経費をアクティビティに割り当てる

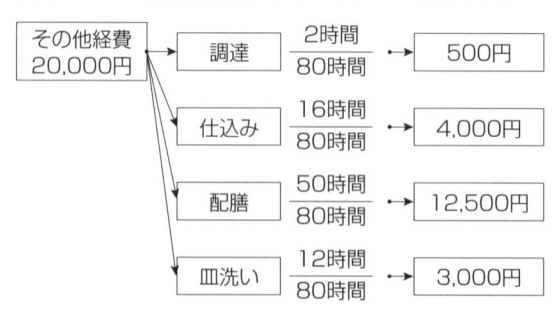

```
その他経費    調達    2時間/80時間  →  500円
20,000円  ┐
         ├→ 仕込み  16時間/80時間 →  4,000円
         │
         ├→ 配膳    50時間/80時間 →  12,500円
         │
         └→ 皿洗い  12時間/80時間 →  3,000円
```

出典：著者作成

このようにして各アクティビティに割り当てられたコストをまとめると、図表12-10のようになる。

図表 12-10　アクティビティ・コスト

アクティビティ	作業時間	使用面積	アクティビティ・コスト	
調達	2 時間	20m²	労務費	6,000
			設備関係費	2,000
			その他経費	500
			計	8,500
仕込み	16 時間	40m²	労務費	48,000
			設備関係費	4,000
			その他経費	4,000
			計	56,000
配膳	50 時間	300m²	労務費	150,000
			設備関係費	30,000
			その他経費	12,500
			計	192,500
皿洗い	12 時間	40m²	労務費	36,000
			設備関係費	4,000
			その他経費	3,000
			計	43,000

出典：著者作成

第 12 章　原価企画とその他の原価計算

◆アクティビティ →（コスト・ドライバー）→ 製品
　つぎに、各アクティビティに割り当てられたコストを、コスト・ドライバーに基づいて各製品（ここでは各コース一式）に割り当てる。

・調達
　調達アクティビティに対するコスト・ドライバーは食数であるから、これに基づいて調達アクティビティのコストを各コースに割り当てる。

図表 12-11　調達アクティビティのコストをコースに割り当てる

調達 8,500円 → Aコース $\frac{50食}{110食}$ ↔ 3,864円

→ Bコース $\frac{60食}{110食}$ ↔ 4,636円

出典：著者作成

・仕込み
　仕込みアクティビティに対するコスト・ドライバーは食数であるから、これに基づいて仕込みアクティビティのコストを各コースに割り当てる。

図表 12-12　仕込みアクティビティのコストをコースに割り当てる

仕込み 56,000円 → Aコース $\frac{50食}{110食}$ ↔ 25,455円

→ Bコース $\frac{60食}{110食}$ ↔ 30,545円

出典：著者作成

・配膳
　配膳アクティビティに対するコスト・ドライバーは配膳回数であるから、これに基づいて配膳アクティビティのコストを各コースに割り当てる。

図表 12-13　配膳アクティビティのコストをコースに割り当てる

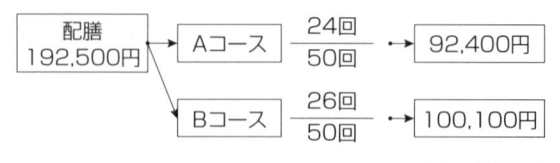

配膳 192,500円 → Aコース　24回/50回 → 92,400円
　　　　　　　　→ Bコース　26回/50回 → 100,100円

出典：著者作成

・皿洗い

皿洗いアクティビティに対するコスト・ドライバーは皿の枚数であるから、これに基づいて皿洗いアクティビティのコストを各コースに割り当てる。

図表 12-14　皿洗いアクティビティのコストをコースに割り当てる

皿洗い 43,000円 → Aコース　10枚/20枚 → 21,500円
　　　　　　　　→ Bコース　10枚/20枚 → 21,500円

出典：筆者作成

このようにして各コースに割り当てられたコストをまとめると、図表 12-15 のようになる。

図表 12-15　各製品（コース）のコスト

製品	食数	回数	枚数	製品コスト	
Aコース	50	24	10	調達	3,864
				仕込み	25,455
				配膳	92,400
				皿洗い	21,500
				計	143,219
Bコース	60	26	10	調達	4,636
				仕込み	30,545
				配膳	100,100
				皿洗い	21,500
				計	156,781

出典：著者作成

図表12-15により、コースごとの間接費合計を算出できた。そこで次に、各コース1食あたりの間接費を算出する。

Aコースでは、間接費合計が143,219円で、食数が50であるから、

　間接費合計143,219円 ÷ 50食 = 2,864円

となる。いっぽうBコースでは、間接費合計が156,781円で、食数が60であるから、

　間接費合計156,781円 ÷ 60食 = 2,613円

となる。

図表12-3において、伝統的な間接費配賦の方法によって算出された、各コース1食ごとの間接費を追加して計算したが、活動基準原価計算によって算出された間接費で置き換え比較すると、図表12-16のようになる。

図表12-16　コース料理の例（間接費を追加②）

	Aコース		Bコース	
売価	8,000		5,000	
直接材料費	2,500		1,500	
直接労務費	900		800	
直接経費	400		500	
間接費（配賦額）	3,600	2,864	2,000	2,613
利益	600	1,336	200	▲413
	↑伝統的計算	↑活動基準原価計算	↑伝統的計算	↑活動基準原価計算

出典：著者作成

伝統的計算方法ではAコース、Bコースともに利益を生み出していたが、活動基準原価計算によれば、Aコースはともかく、Bコースは赤字を生んでいることがわかる。

伝統的な原価計算の方法は、正当な計算手法であり、これを否定するつもりはない。さらに、現在でも多くの企業においてこの方法が用いられている。しかし、よ

り精緻なコスト管理を行ううえで、とくに料飲サービス業においては製造（調理）以外にもさまざまな活動がみられ、かつ設備装置産業としての側面も持ち合わせていることを考えると、今後、活動基準原価計算の導入が期待されるところである。

■参考文献
岡田幸彦 [2010],「サービス原価企画への役割期待」,『會計』第 177 巻第 1 号 , 森山書店 .
岡本清 [2000],『原価計算〔六訂版〕』国元書房 .
櫻井通晴 [2014],『原価計算』同文舘出版 .
清水孝 [2002],『上級原価計算』中央経済社 .
林總 [2002],『やさしくわかる ABC/ABM』日本実業出版社 .
廣本敏郎 [2008],『原価計算論 (第 2 版)』中央経済社 .

第4部
ホスピタリティ産業におけるファイナンス

第13章
キャッシュフローと貨幣の時間的価値

計算上どれほど儲かっているかという点と、どれほどのキャッシュを獲得できるかという点は、似て非なるものである。ファイナンスではこれらのうちキャッシュをより重視する。では、ファイナンスにおけるキャッシュとは何であろうか。また、ファイナンスでは、キャッシュの価値は時間の経過に伴い変化すると考える。本章ではこれらの点について学び、この後の章の学習に向けた基本的考え方を知ることができる。

1：収益・費用・利益

　企業の活動において、収益（たとえば売上）や費用が発生するという点は、改めていうまでもないだろう。ホテル産業にたとえると、客室部門でいえば、客室の利用というサービス（客室を利用しサービスを受ける権利）を顧客に提供し、そのサービスの対価として顧客から収益を獲得する。また、料飲部門でいえば、料理や飲料を顧客に提供しつつ、その場（レストラン等）で過ごすというサービス（お店を利用しサービスを受ける権利）を提供することで、同様に収益を獲得する。そして、収益から、その収益を獲得するために要した費用を減算することで、利益を算出できる。

　このように考えると、収益の金額が大きく、費用の金額が小さくなれば、より多くの利益を獲得できるということになる。確かにこの着眼は、ビジネスにおいて不可欠といえよう。しかし、それだけで十分なのであろうか。

　モノを購入し、そのモノを販売するというビジネスを例に、この点を考えてみたい。販売するときに受け取る代価から、購入したときに支払った代価を減算することで、利益を算出できる。しかし、実際のビジネスシーンにおいては、順序が逆である。すなわち、まず販売するためのモノを購入し、それからそのモノを販売するのである。この点だけを考えても、購入時のお金の支払いが先に発生し、その後になって販売時のお金の受け取りが発生することがわかる。さらに、ビジネスにおいては、いつも購入時や販売時（まさに販売・購入したその時）にお金が支払われたり、受け取れるというわけではない。いわゆる後払いが商慣習として通例である。売ったけれども後でお金を受け取るという取引を売掛、買ったけれども後でお金を支払うという取引を買掛という。この売掛、買掛まで併せて考えるならば、利益とお金の受け取り、支払いが別物であることが理解できるだろう。

　販売するためのモノを購入するためにはお金が必要である。しかし、お金はモノを販売しなければ受け取れない。利益という計算上の金額を考慮するだけでは、ビジネスは成り立たないのである。

2：キャッシュおよびキャッシュフロー

　そこで重要な着眼点がキャッシュということになる。ここでいうキャッシュとは、利益とは異なり、文字どおり cash（お金）、および cash と同等のもののことである。同等のものとは、たとえば普通預金や当座預金は要求払預金といい、預金者が金融機関に請求すれば、ただちに cash にできるものである。

　このキャッシュに着目することが、ビジネスにおいて不可欠なのである。では、どのようにキャッシュを重視するのであろうか。そのための概念が、キャッシュフローである。

　キャッシュフローとは、端的にいえば、お金の出入りのこと、および、入ってきたキャッシュ（キャッシュ・イン・フロー）から、出ていったキャッシュ（キャッシュ・アウト・フロー）を減算した残額のことである。

図表 13-1　ビジネスにおける資金の流れ

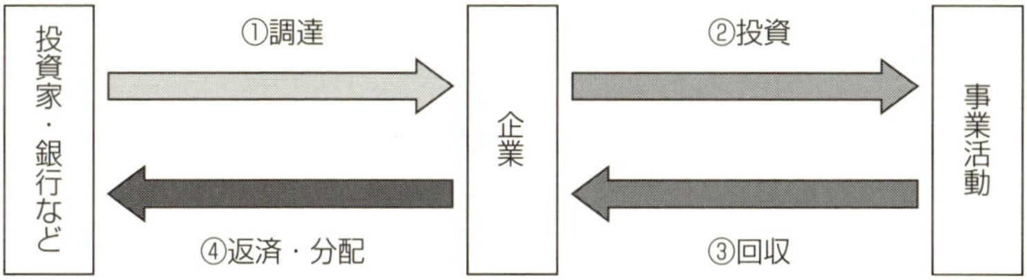

投資家・銀行など → ①調達 → 企業 → ②投資 → 事業活動
事業活動 → ③回収 → 企業 → ④返済・分配 → 投資家・銀行など

出典：著者作成

　図表 13-1 は、ビジネスにおける資金（お金）の流れを表したものである。企業はビジネスにおいて、まずお金を①調達する必要がある。お金がなければ、事業活動を何も行えないことは容易に理解できるだろう。次に、企業が展開するビジネスに対し、調達したお金を②投資する。さまざまな設備を取得・維持したり、人材を雇用したり、販売するためのモノを購入するためにもお金が必要であり、それらのための支出がこれに該当する。そしてモノを販売することでお金を受け取り、それが③回収である。回収したお金は、おもに④返済・分配に使われる。金融機関からの借入金に対する返済や利息の支払い、投資家に対する分配（配当の支払い）、さらに企業内部への留保がこれに該当する。

そこで、②投資と③回収に着目すれば、企業のビジネスにおけるキャッシュフローを、すなわちキャッシュ・アウト・フローとキャッシュ・イン・フローを表していることがわかるだろう。また、①調達と④返済・分配に着目すれば、企業の資金調達に関するキャッシュフローを表している。ビジネスにおいてはこれら全体を考える必要があり、それがファイナンスなのである。さらに、①と③は企業にとってのキャッシュ・イン・フローであり、②と④は企業にとってのキャッシュ・アウト・フローである。よって、①と③の総額から②と④の総額を減算した結果が、企業に残るキャッシュというわけである。これをネット・キャッシュ・フローという。

3：キャッシュフローの算出

　では、どのようにしてキャッシュフローの金額を算出することができるのであろうか。もちろん、キャッシュ（およびキャッシュ同等物）を受け取ったり支払ったりしたすべてのタイミングで把握していれば可能である。しかし、これは非現実的な方法といわざるをえない。経理によってさまざまな取引が簿記の技術を用いて記録されているわけではあるが、その膨大な情報量のなかからキャッシュに関する情報だけを抽出したうえで整理し計算することは、不可能ではないにしても多くの手間とコストを要する。

　実際に、企業が作成する財務諸表を見たことがあれば、すぐに理解できるであろう。財務諸表には貸借対照表と損益計算書、そしてキャッシュについて情報が記されているキャッシュフロー計算書などが含まれる。このキャッシュフローは、貸借対照表と損益計算書を用いて作成される。つまり、貸借対照表と損益計算書があれば、キャッシュについての情報を作成し把握することが可能である。

　厳密にはさまざまな計算によってキャッシュフロー計算書は作成される。しかし本書はその手法について説明するものではないため、ここではごく簡便的な方法によって考えることにする。

　第10章で説明した、減価償却について思い出して欲しい。減価償却とは、資産の取得原価から見積残存価額を控除した額を、その見積耐用年数の期間にわたって一定の組織的な方法によって原価配分する手続きであり、資産から稼得される収益と減価償却費を期間的に対応させて、期間利益を適正に算出することを目的として

いる。

図表 13-2　減価償却のイメージ

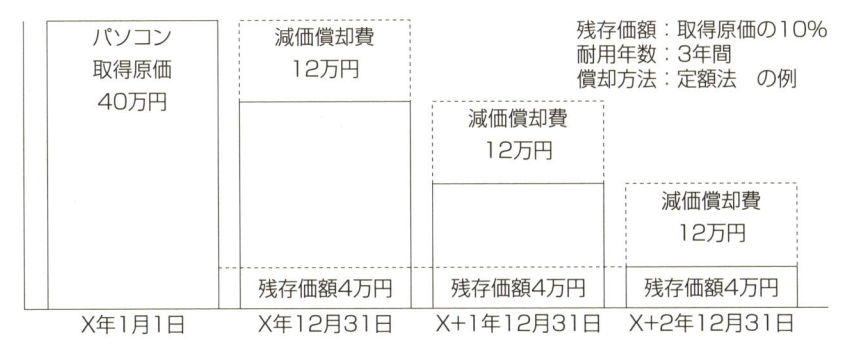

```
パソコン
取得原価
40万円                              残存価額：取得原価の10%
           減価償却費                 耐用年数：3年間
            12万円                  償却方法：定額法　の例
                      減価償却費
                       12万円
                                    減価償却費
                                     12万円
           残存価額4万円   残存価額4万円   残存価額4万円
X年1月1日   X年12月31日  X+1年12月31日 X+2年12月31日
```

出典：広瀬［2012］を元に著者作成

　図表 13-2 は、X 年 1 月 1 日に 40 万円で取得（つまり購入）したパソコンを例にした減価償却のイメージである。取得したその時に 40 万円のキャッシュが支払われている。しかし、パソコンは 1 年間で使用し終えることは通常は稀であり、数年間にわたって用いられるため、40 万円全額をその年（X 年）の費用として扱うことは不適切といえる。

　そこで、取得した 1 年目（X 年）の費用として 12 万円（（取得原価 40 万円 - 残存価額 4 万円）÷耐用年数 3 年間）、2 年目（X+1 年）と 3 年目（X+2 年）も同額の 12 万円ずつを、それぞれの年の費用として扱う。これを減価償却といい、この例における 12 万円を減価償却費という。

　さて、この例において、減価償却費がキャッシュの支出を伴わない費用であることに気づくだろうか。この例におけるキャッシュ・アウト・フローは、パソコン購入時（X 年 1 月 1 日）の 40 万円であり、その後はキャッシュの支出がない。しかし、購入したパソコンは何年も継続して使うことができるものであり、さらに、費用は収益に貢献した分について計上するべきものである。そこで、この例では 3 年間という期間をかけて毎期（毎年）一定額を費用計上することにしているのである。なお、3 年間が経過したからといって価値がゼロになるわけではないので、その価値を表すために残存価額[1]が設定されている。

　減価償却費とは、キャッシュ支出を伴わない費用である。ということは、この減

価償却費を含めた費用によって算出された利益は、キャッシュとは異なる金額となることが明らかである。この点も、キャッシュと利益の大きな違いである。当章では、ごく簡便的にキャッシュをとらえるために、この減価償却費の調整によりキャッシュフローを算出するものとする。

ところで、これまで何度も言及してきた利益については、収益から費用を減算して算出される値である。ただし、この計算によって算出された利益は、キャッシュの支出を伴わない費用を含めている。そこで、簡便的に、利益に減価償却費を加算した（つまり足し戻した）値をもって、キャッシュフローと考えることとする[2]。

4：キャッシュフローによる投資案件の選択

では、次の例（図表 13-3）をご覧いただきたい。

図表 13-3　ビジネス投資案件の選択

	A 案	B 案	C 案
売上高	100 百万円	100 百万円	100 百万円
総費用	70 百万円	95 百万円	105 百万円
（うち減価償却費）	（30 百万円）	（50 百万円）	（70 百万円）
（その他）	（40 百万円）	（45 百万円）	（35 百万円）
当期純利益	30 百万円	5 百万円	△5 百万円
キャッシュフロー	60 百万円	55 百万円	65 百万円

出典：著者作成

この例において、売上高は 3 案とも同一（100 百万円；1 億円）であるが、総費用の違いにより、純利益が異なっている。とくに C 案においては純利益が赤字となっている。しかし、キャッシュフローに着目するならば、総費用のうち減価償却

---

1 本書では、まず基本を理解するため、残存価額を用いて説明している。残存価額をゼロとし備忘価額を用いる方法については割愛する。

2 その他のキャッシュフロー計算書作成プロセスにおける加減項目については、ここでは割愛する。

費を当期純利益に加算することで、65百万円となる。つまり、純利益という点に着目するならばA案を選択することになろうというところであるが、キャッシュフローに着目するならば、たとえ利益が赤字であろうともC案を選択することになろう。どの案を選択するか、そしてどの値を重視して意思決定を行うかは企業ごとに定めるわけではあるが、ビジネスにおいてキャッシュを重視することは欠かせないといえるのである。

5：黒字倒産とキャッシュフロー

では、利益とキャッシュフローの関係を、別の視点でとらえることにする。すなわち、商品を仕入れ、仕入れた商品を販売するという流れにおいて、この点を考えてみたい。

図表13-4　商業における利益とキャッシュフロー

1個100円の商品を5個仕入れた

| 商品原価 100円 | 商品原価 100円 | 商品原価 100円 | 商品原価 100円 | 商品原価 100円 |

仕入額＝500円

このうち2個を、1個あたり150円で販売した

| 商品原価 100円 | 商品原価 100円 | 商品原価 100円 | 商品原価 100円 | 商品原価 100円 |

売上額＝300円

出典：著者作成

図表13-4は、商業（簡単にいえば、売るためのモノを仕入れて、それを売るビジネス）を表している。このケースにおける利益は、売上300円 - 費用200円＝利益100円となる。利益とはあくまでも、売ったモノやサービスの額からそのモノやサービスを売るための費用を減算した額のことであり、このケースにおいては、売れた商品の仕入額のみを意味するのである。

しかし、この図表13-4におけるキャッシュフローはどうなっているだろうか。キャッシュ・イン・フロー300円 - キャッシュ・アウト・フロー500円＝ネット・

キャッシュ・フロー△200円となる。すなわち、利益の計算では黒字となっているが、キャッシュフローに着目するならば赤字（資金不足；資金ショート）を起こしているのである。いくら利益が黒字であっても、これではビジネスは成り立たない。ごく簡単な例ではあるが、これが黒字倒産のしくみといえよう。

　企業経営において利益が大切であることはいうまでもないが、利益だけではなく、キャッシュフローへの着目も欠かすことのできない点であることが、理解できたであろうか。

　"Profit is an opinion, cash is a matter of fact" という言葉がある。和訳すれば、「利益は意見であり、キャッシュは事実（現実）である」という意味である。これまで説明してきたとおり、利益は計算によって算出される値であるが、キャッシュは文字どおりキャッシュである。だからこそ、キャッシュフローへの着眼が大切なのである。文字通りのキャッシュがなければ、企業は、ビジネスは成り立たないからである。

6：貨幣の時間的価値

　さて、これまでキャッシュへの注目が欠かせないことを扱ってきたが、キャッシュに注目するために不可欠である別の論点がある。それが貨幣の時間的価値である。端的にいえば、キャッシュの価値は時間の経過とともに変化するというのである。

　いまここに、100万円のキャッシュがあるとしよう。この100万円にいっさい手を触れず、とうぜん使わず（盗まれもせず）そのままにしておけば、1年後だろうが100年後だろうが、100万円のままである。

　では、この100万円を銀行の普通預金に預け、いっさい使わないとすれば、どうだろうか。しばらくすると（わずかながらの）利息がつき、さらにその後には元の100万円と利息にさらなる利息がつき、といった具合に、預金残高が増えていくものである。

　一方で、100万円を何もせずにしておいた場合、100万円そのものは変化しないが、我々が生活するうえでの必需品の物価が高くなったとしたら、どうだろうか。今であれば100万円で購入できるものが、数年後には100万円では購入できないというわけである。つまり、物価上昇により、当初の100万円の価値より

第13章　キャッシュフローと貨幣の時間的価値

数年後における 100 万円の価値が下がってしまったというわけである。

これらの点を考えるだけでも、キャッシュの時間的価値は重要な考慮点であることがわかるだろう。そこでこれ以降、この貨幣の時間的価値を考えていくことにする。

7：終価と終価係数・現在価値と現価係数

　説明を分かりやすくするために、預金利率が 10％であるものとし、預金利息は年 1 回支払われ、利息に対する税金は無視するものとする。いま 100 万円の現金を預金した場合、1 年後には 10 万円の利息が支払われることで、預金残高は 110 万円になる。その 1 年後（当初から 2 年後）には、110 万円に対する利息 11 万円が支払われ、預金残高は 121 万円となる。これを図表 13-5 にまとめる。

図表 13-5　利息による預金残高の変動（利率 10％）

	当初	1 年後	2 年後	3 年後	4 年後	5 年後
利息	—	100,000	110,000	121,000	133,100	146,410
預金残高	1,000,000	1,100,000	1,210,000	1,331,000	1,464,100	1,610,510

出典：著者作成

　つまり、預金利率が 10％のとき、現在の 100 万円は、5 年後の 161 万 510 円と同一の価値いうことになる。現在 100 万円を預金すれば、5 年後はこの額になるからである。

　またこれは、着眼を逆転することで、5 年後の 161 万 510 円は、現在の 100 万円と同一の価値であるということになる。5 年後に 161 万 510 円を得たいのであれば、現在 100 万円を預金すればよいということだからである。

　では、改めてこの計算方法について、公式を見ながら考えたい。まず、「今の◎◎円が、n 年後の◇◇円」という考え方であるが、この「n 年後の◇◇円」を終価という。n 年間の時間の経過を終えた時点での価値というわけである。

　終価の計算は、

　　　　元金 × $(1 + i)^n$

　　　　　$i =$ 預金利率、$n =$ 年数

との公式によって行う。たとえば前述のとおり元金が100万円で、預金利率が10%のとき、5年後の金額を算出した場合には、

$$1{,}000{,}000 \times (1+0.10)^5 = 1{,}610{,}510$$

となり、1,610,510円がこの答えである。このときの「$(1+i)^n$」を終価係数という。終価係数は、利率と年数の2元マトリックスにより表すことができる（図表13-6）。

図表13-6　終価係数

	1%	2%	3%	5%	10%
1年後	1.0100	1.0200	1.0300	1.0500	1.1000
2年後	1.0201	1.0404	1.0609	1.1025	1.2100
3年後	1.0303	1.0612	1.0927	1.1576	1.3310
4年後	1.0406	1.0824	1.1255	1.2155	1.4641
5年後	1.0510	1.1041	1.1593	1.2763	1.6105
10年後	1.1046	1.2190	1.3439	1.6289	2.5937
20年後	1.2202	1.4859	1.8061	2.6533	6.7275

出典：著者作成

　たとえば、いまの20万円について、利率3%で4年後にいくらになっているかを知りたいのであれば、図表13-6の「3%」と「4年後」の交わる箇所である「終価係数＝1.1255」を、20万円に乗算することで、つまり、20万円×1.1255＝225,100円と算出することができる。

　では、n年後の△円は、利率がiのとき、いまどれほどの金額（価値；▽円）に相当するかを知るためには、どうすればよいだろうか。ここでは、終価および終価係数の発想を逆転させることになる。すなわち、これまで考えてきた「▽円を利率iの預金にn年間預けたら、△円になる」というケースを逆転させるのである。

　前述のケースでは、利率10%で5年後の1,610,510円は、現在の100万円と同じ価値と扱われた。では、たとえば利率8%で3年後の100万円は、現在のいくらの価値があるのだろうか。なお、ここでいう「現在の価値」のことを「現在価値（現価）」という。現価の計算は、以下の公式により行う。

$$n\text{年後の金額} \times \frac{1}{(1+i)^n}$$

たとえば利率8%で3年後の100万円であれば、

$$1,000,000 \times \frac{1}{(1+0.08)^3} = 793,832.2410$$

となり、現在の79万3,832円と同じ価値であるということになる。なお、このときの

$$\frac{1}{(1+i)^n}$$

を「現価係数」といい、終価係数と同様に、利率と年数の2元マトリックスにより表すことができる。

たとえば、20年後の10万円について、利率5%で現在の価値がいくらになるかを知りたいのであれば、図表13-7の「5%」と「20年後」の交わる箇所である「現価係数=0.3769」を、10万円に乗算することで、つまり、10万円×0.3769=37,690円と算出することができる。

図表13-7 現価係数

	1%	2%	3%	5%	10%
1年後	0.9901	0.9804	0.9709	0.9524	0.9091
2年後	0.9803	0.9612	0.9426	0.9070	0.8264
3年後	0.9706	0.9423	0.9151	0.8638	0.7513
4年後	0.9610	0.9238	0.8885	0.8227	0.6830
5年後	0.9515	0.9057	0.8626	0.7835	0.6209
10年後	0.9053	0.8203	0.7441	0.6139	0.3855
20年後	0.8195	0.6730	0.5537	0.3769	0.1486

出典:著者作成

8:現価および現価係数の活用

では、A社における小型ホテルの買収を例に、現在価値の活用方法を考えることにする。A社では、ホテル買収の際に、投資額の回収を5年以内に完了するとのルールがある。また、このときの利率は3％で計算するものとする。キャッシュフロー予測は、図表13-8のとおりである。

図表13-8　A社による小型ホテル買収の与件

	キャッシュフロー予測	現価計数	キャッシュフロー予測の現在価値
1年目	1,000万円		
2年目	2,000万円		
3年目	2,500万円		
4年目	3,000万円		
5年目	3,500万円		
計	(12,000万円)		

出典：著者作成

貨幣の時間的価値を無視し、キャッシュフロー予測のみで判断するならば、この小型ホテルを12,000万円（1億2,000万円）未満の金額で買収できればよいということになる。しかし、貨幣に時間的な価値が存在することを考慮しなければならない[3]。

この小型ホテルのキャッシュフロー予測について貨幣の時間的価値を考慮したうえで計算すると、5年間でのキャッシュフローの現在価値は、1億828.5万円ということになる。つまり、この金額未満でこのホテルを買収することが適切であると判断できるわけである。

---

3 このことは、銀行預金との比較で明らかとなる。つまり、この小型ホテルを12,000万円で買収よりも、同額を銀行の普通預金に預けておくほうが有利である。手元から（いったん）なくなる現金は、小型ホテル買収でも銀行預金でも同じ額（12,000万円）であるが、小型ホテル買収では5年後までに受け取る総額は12,000万円、銀行預金（利率を0.1％とする）では12,060万1,201円を受け取ることができる。

第13章 キャッシュフローと貨幣の時間的価値

図表13-9 A社による小型ホテル買収の与件と計算方法

	キャッシュフロー予測	現価計数	キャッシュフロー予測の現在価値
1年目	1,000万円	0.9709	970.9万円
2年目	2,000万円	0.9426	1,885.2万円
3年目	2,500万円	0.9151	2,287.8万円
4年目	3,000万円	0.8885	2,665.5万円
5年目	3,500万円	0.8626	3,019.1万円
計	(12,000万円)	―	10,828.5万円

出典：著者作成

9：現価係数の応用（年金現価、永続価値）

　では、B社における小型ホテルの買収を例に、現在価値の活用方法を考えることにする。B社では、ホテル買収の際に、投資額の回収を20年以内に完了するとのルールがある。また、このときの利率は3％で計算するものとする。キャッシュフロー予測は、図表13-10のとおりである。

図表13-10 B社による小型ホテル買収の与件

	キャッシュフロー予測	現価計数	キャッシュフロー予測の在価値
1年目	1,000万円		
2年目	1,000万円		
3年目	1,000万円		
〜	〜		
20年目	1,000万円		
計			

出典：著者作成

　数年間にわたり同一金額のキャッシュフロー予測となっている。この場合、もちろん前述のとおり、毎年の現価係数を用いて現在価値を算出し、それを合計することによってもキャッシュフロー予測の現在価値合計を求めることが可能である。し

かし、毎年同一金額である場合には、別の公式により一度の計算で係数を算出することが可能である。この公式により算出される係数は年金現価計数といい、次のとおりである。

$$年金現価計数 = \frac{(1+i)^n - 1}{(1+i)^n \times i}$$

図表 13-10 の例であれば、以下のような計算となる。

$$年金現価計数 = \frac{(1+0.03)^{20} - 1}{(1+0.03)^{20} \times 0.03} = \frac{0.8061}{0.0542} = 14.8775$$

よって、毎年のキャッシュフロー予測 1,000 万円に年金現価計数 14.8775 を乗算し、14,877.5 万円となる。これが、20 年間のキャッシュフロー予測の現在価値合計である。つまり、B 社による小型ホテル買収においては、1 億 4,877.5 万円未満の金額でこのホテルを買収することが適切というわけである。

しかし、これまでの A 社および B 社では、回収期間が 5 年や 20 年と定められていた。では、回収期間に一定のルールがない場合は、どのような計算が必要となるのであろうか。

この場合に用いる方法が永続価値という公式である。この計算はいたってシンプルであり、

$$永続価値 = \frac{毎年のキャッシュフロー予測}{i}$$

との公式によって計算される。

では、C 社における小型ホテルの買収を例に、永続価値の活用方法を考えることにする。C 社では、ホテル買収の際における投資額の回収に関するルールがない。なお、このときの利率は 3% で計算するものとする。キャッシュフロー予測は、毎年 300 万円である。このときの計算方法は、

$$永続価値 = \frac{300 万円}{0.03} = 10,000 万円$$

となり、C 社による小型ホテル買収においては、1 億円未満の金額でこのホテルを

買収することが適切というわけである。

なお、これらの計算方法を組み合わせて算出することについて、D社における小型ホテルの買収を例に、当章の応用として説明する。

D社では、ホテル買収の際に、投資額の回収に関するルールを定めていない。また、このときの利率は3％で計算するものとする。キャッシュフロー予測は、図表13-11のとおりである。

図表13-11　D社によるホテル買収の与件

	キャッシュフロー予測	現価計数	キャッシュフロー予測の現在価値
1年目	300万円		
2年目	400万円		
3年目〜	600万円〜		
10年目	600万円		
11年目〜	500万円〜		
計			

出典：著者作成

・1〜2年目

まず、1年目については現価係数0.9709を、2年目については現価係数0.9426を用い、それぞれのキャッシュフロー予測の現在価値を算出する。

・3〜10年目

次に3〜10年目については、少々込み入った計算が必要である。というのも、年金現価計数によるキャッシュフロー予測の現在価値算出に加え、現価係数による計算も必要となるからである。

3〜10年目の8年間であるから、年金現価計算の公式にあてはめる。

$$年金現価計数 = \frac{(1+0.03)^8 - 1}{(1+0.03)^8 \times 0.03} = \frac{0.2668}{0.0380} = 7.0197$$

年金現価計数は7.0197と算出される。次に、この年金現価計数をキャッシュフロー予測600万円に乗算し、4,211.8万円が算出される。しかしこの金額は、

3年目開始時点を基準として算出された値であるため、さらに現在価値とする必要がある。

$$4,211.8 万円 \times \frac{1}{(1+0.03)^2} = 3,970.04 万円$$

この 3,970.04 万円が、3〜10 年目のキャッシュフロー予測の現在価値ということになる。

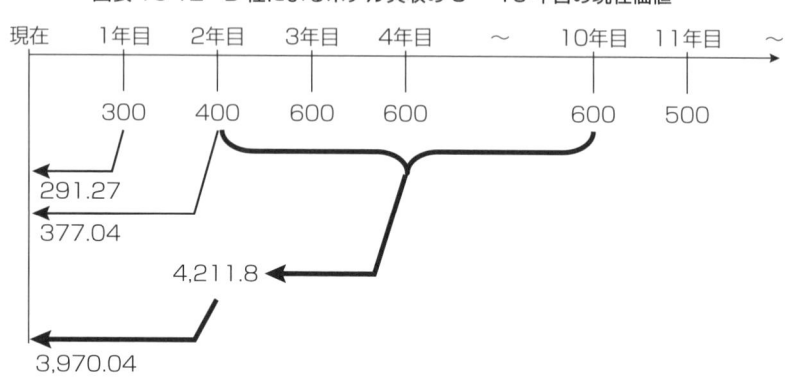

図表 13-12　D 社によるホテル買収の 3〜10 年目の現在価値

```
現在    1年目   2年目   3年目   4年目   〜   10年目   11年目   〜
         300    400    600    600          600     500
         291.27
         377.04
                       4,211.8
         3,970.04
```

出典：著者作成

・11 年目以降

同様に 11 年目以降についても、永続価値の計算に加え、現価係数による計算を要する。

11 年目以降の永続価値の計算については、

$$永続価値 = \frac{500 万円}{0.03} = 16,666.67 万円$$

との計算のもと、1 億 6,666.67 万円となる。この永続価値は、10 年目開始時点を基準として算出された値であるため、さらに現在価値とする必要がある。

$$16,666.67 万円 \times \frac{1}{(1+0.03)^{10}} = 12,401.57 万円$$

この 12,401.57 万円が、11 年目以降のキャッシュフロー予測の現在価値ということになる。

図表 13-13　D 社によるホテル買収の 11 年目以降の現在価値

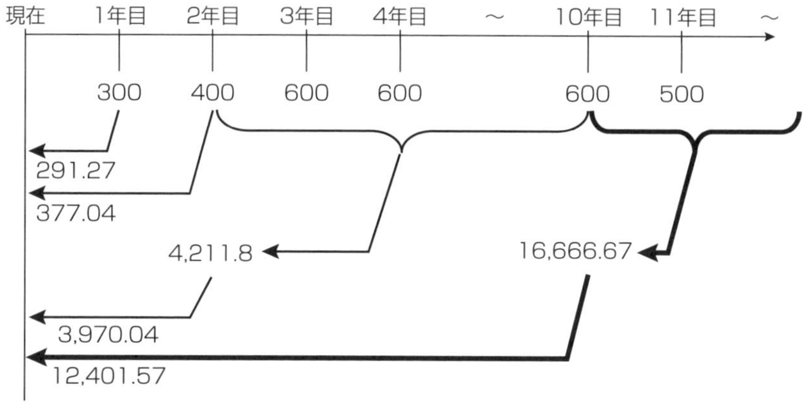

```
現在    1年目  2年目  3年目  4年目  ～   10年目  11年目  ～
         300    400    600    600         600    500
  ← 291.27
  ← 377.04
            4,211.8 ←              16,666.67 ←
  ← 3,970.04
  ← 12,401.57
```

出典：著者作成

これらの計算を前述の図表 13-11 にまとめると、図表 13-14 のようになる。

図表 13-14　D 社によるホテル買収

	キャッシュフロー予測	現価計数	キャッシュフロー予測の現在価値
1 年目	300 万円	0.9709	291.27 万円
2 年目	400 万円	0.9426	377.04 万円
3 年目～	600 万円～	—	3,970.04 万円
11 年目～	500 万円～	—	12,401.57 万円
計	—	—	17,039.57 万円

出典：著者作成

■参考文献
広瀬義州［2012］,『財務会計（第 11 版）』中央経済社．

第14章
投資の意思決定

ファイナンスでは、ビジネスや企業への投資という考え方を用いる。この投資に関する意思決定、すなわち投資するか、しないかの判断においては、さまざまな要素を勘案する必要がある。本章ではこれまで学んできた事柄をふまえ、投資の意思決定に関わるコストのとらえかた、意思決定における計算の方法について知ることができる。

1：投資の意思決定に要する判断基準

　ファイナンスは、企業価値の増大を目的とする。その目的を達成するためには、ビジネスにおいてさまざまな判断をし、意思決定を行わなければならない。ビジネスにおいて利用できる資源（経営資源）に限度がなければ、思いつくであろうすべての事柄を行えるわけではあるが、経営資源が有限であることは、容易に理解できるだろう。どの企業であっても、ヒト・モノ・カネといった経営資源は有限であり、その限られた経営資源を有効に活用し、最大のリターンを得るべく意思決定を迫られるのである。

　では、どのような判断基準に基づいて、意思決定が行われるべきであろうか。単に「儲かる」、「儲かりそう」、「売れそう」といった短絡的な判断に基づく意思決定が危険であることはいうまでもない。ファイナンス理論に基づく意思決定は、まさにその目的である企業価値の増大に資するのである。

　この章では、埋没コスト、機会コストといった、留意しなければならない要素に着目するとともに、意思決定に要する各種の計算手法を扱う。計算といっても、特に複雑な計算技法によるものではなく、おもに四則演算（＋－×÷）だけで完結するものばかりである。

2：埋没コスト

このような事例において、あなたはどう判断し意思決定するであろうか。

> 　Tホテルでは、レストラン増設を検討している。すでに和食レストランを増設するプランを検討してきており、その検討のために、これまでに2,000万円を支出した。
> 　今日になって、別の案として、中華レストランを増設するというプランが社長から提示され、さらに、和食と中華どちらがより儲かるか検討せよとの指示があった。
> 　比較検討を進めるために要する費用（キャッシュ・アウト・フロー）は、和

食レストラン分として 300 万円、中華レストラン分として 500 万円である。また、営業開始後に獲得できると予想されるキャッシュフローは、和食レストランの場合が 8,500 万円、中華レストランの場合は 8,600 万円である。

この与件を見たときに、あなたは次の図表のような計算を行わないだろうか。

図表 14-1　与件の整理 (1)

	和食レストラン	中華レストラン
これまでの検討に要した費用 （キャッシュ・アウト・フロー）	2,000 万円	―
これからの検討に要する費用 （キャッシュ・アウト・フロー）	300 万円	500 万円
営業開始後のキャッシュフロー予測 （現在価値）	8,500 万円	8,600 万円
キャッシュフロー合計	6,200 万円	8,100 万円

出典：著者作成

　この図表の計算に基づいて判断し意思決定するのであれば、あきらかに中華レストランの方がキャッシュフローが大きく、有利である。しかし、この考え方で良いのであろうか。
　このケースにおける要点は、「これまでの検討に要した費用（キャッシュ・アウト・フロー）」である。与件において社長から比較検討を命じられたのは、2,000 万円を要する検討の後である。すなわち、この後に和食レストランを選択しようが中華レストランを選択しようが、この 2,000 万円は戻ってくることのない費用（キャッシュ・アウト・フロー）であり、今日になって社長に命じられた比較検討においては検討の対象外とすべき費用ということができる。このように、既に支払ってしまった費用を「埋没コスト（サンクコスト）」という。埋没コストは、意思決定の要素として除外すべきである。
　では、このケースでは、どのように判断すればよいのであろうか。

図表14-2 与件の整理（2）

	和食レストラン	中華レストラン
~~これまでの検討に要した費用~~ ~~（キャッシュ・アウト・フロー）~~	~~2,000万円~~	—
これからの検討に要する費用（キャッシュ・アウト・フロー）	300万円	500万円
営業開始後のキャッシュフロー予測（現在価値）	8,500万円	8,600万円
キャッシュフロー合計	8,200万円	8,100万円

出典：筆者作成

　図表14-2に示したように、「これまでの検討に要した費用（キャッシュ・アウト・フロー）」を除外し、和食レストランと中華レストランの比較検討を命じられた後のキャッシュフローのみで判断すべきなのである。すなわちこのケースにおいては、和食レストランの方がキャッシュフロー合計は大きいため、こちらの案を実行すると意思決定すべきというわけである。

　埋没コストに関する事例は枚挙にいとまがない。特に、航空機開発のような大規模投資を必要とする案件の意思決定において、必ずしも収支の見通しが明るくなくても、「それまでに巨費を投じたプロジェクトを中止するわけにはいかない」といった理由によって、その案件が継続されてしまうようなことが多く報告されている。その結果待っているのは、むりな営業活動によるさまざまな悪影響によって、会社が破たんに追い込まれたりするような事態である。グロービス経営大学院[2009]には、ロッキード社の事例で紹介されている。

3：機会コスト

　前項と同様に、このような事例において、あなたはどう判断し意思決定するであろうか。

　Sレストランでは、これまで使用してきた厨房機器の総入れ替えを検討している。これまでの機器は、現時点で550万円での売却が可能である。また、

新しい機器の代金（設置費用込）は、3,000万円である。一方で、これまでの機器を継続して使用することも可能であり、そのためにはメンテナンス費用として2,500万円が必要であり、新品と同様の性能に回復できる。

この与件を見たときに、あなたは次の図表のような計算を行わないだろうか。

図表14-3　与件の整理（1）

	総入れ替え	継続使用
売却価格	550万円	―
新機器	△3,000万円	―
旧機器メンテナンス	―	△2,500万円
（計）	△2,450万円	△2,500万円

出典：筆者作成

もちろん、図表14-3の検討により、総入れ替えのほうが良いと判断するだろうし、それは間違いではない。しかし、ここでの検討は、図表14-4のように行われるべきである。

図表14-4　与件の整理（2）

	総入れ替え	継続使用
売却価格	550万円	―
新機器	△3,000万円	―
旧機器メンテナンス	―	△2,500万円
（計）	△2,450万円	△2,500万円
機会コスト	2,500万円	2,450万円
機会コストを勘案したキャッシュフロー	50万円	△50万円

出典：著者作成

つまり、複数の選択肢がある場合に、どちらかを選択したときに、選択しなかった側によってもたらされるキャッシュフローを勘案すべきであるというわけである。図表14-4の例であれば、総入れ替え案において2,450万円のキャッシュ・

アウト・フローがあると同時に、継続使用において必要となる 2,500 万円のキャッシュ・アウト・フローがなくなったと考えることで、「機会コストを勘案したキャッシュフロー」が 50 万円であるととらえるべきなのである。一方で、継続使用案において 2,500 万円のキャッシュ・アウト・フローがあると同時に、総入れ替え案において必要となる 2,450 万円のキャッシュ・アウト・フローがなくなったと考えることで、「機会コストを勘案したキャッシュフロー」がマイナス 50 万円であるととらえるべきなのである。

機会コストに関する実例（グロービス経営大学院 [2009] を元に筆者作成）
　　Z社は、老朽化して既に使われていない工場および工場用地を保有している。この施設は、工場としての再利用は不可能であると判断された。しかし、倉庫として利用するためには立地条件が良い。そこで、倉庫としての再利用を検討することになった。
　　この場合、倉庫としての再利用によってどれほどのキャッシュフローを獲得できるかがポイントであることに間違いはないが、いわゆる"行間を読む"ことに注意すれば、この工場および用地を売却するという選択肢が存在することがわかる。つまり、倉庫としての再利用と売却という二者択一において、どちらが有利であるかを判断しなければならないのである。

4：固定費的キャッシュ・変動費的キャッシュ

　さらに前項と同様に、このような事例において、あなたはどう判断し意思決定するであろうか。

　　　　小規模エアライン企業において、A路線とB路線(現在は各1日1便)のうち、片方の路線を廃止してもう片方の路線を1日2便にしたい。
　　　　A路線は、1便あたりの客席販売によるキャッシュ・イン・フローが20万円、乗客の人数に比例して増加する費用（キャッシュ・アウト・フロー）が5万円、乗客人数に関係なく発生する費用（キャッシュ・アウト・フロー）が13万円である。

第14章　投資の意思決定

　B路線は、1便あたりの客席販売によるキャッシュ・イン・フローが22万円、乗客の人数に比例して増加する費用（キャッシュ・アウト・フロー）が6万円、乗客人数に関係なく発生する費用（キャッシュ・アウト・フロー）が15万円である。

　存続路線のキャッシュ・イン・フローはそれまでの2倍になると想定される場合、どちらを存続すればよりキャッシュフローを多くすることができるだろうか。

　この与件を見たときに、あなたは次の図表のような計算に基づいて、A路線を存続させることが有利と判断しないだろうか。

図表14-5　与件の整理（3）

	A路線	B路線
売上によるキャッシュ・イン・フロー	20万円	22万円
乗客の人数に比例して増加する費用（キャッシュ・アウト・フロー）	5万円	6万円
乗客人数に関係なく発生する費用（キャッシュ・アウト・フロー）	13万円	15万円
キャッシュフロー	2万円	1万円

出典：著者作成

　確かに、A路線1便から獲得できるキャッシュフローのほうが大きい。しかし、どちらか片方のみにし他方を廃止するという場合において、乗客人数に関係なく発生する費用（キャッシュ・アウト・フロー）は単純に倍になるというわけではないのである。すなわち、それまで有しているパイロットや客室乗務員、整備費用などは、総量として考えるべきであり、この検討に際しては総額の28万円として計算しなければならないのである。つまり、図表14-6のような計算が必要というわけである。

　この計算から、B路線を存続させるほうがキャッシュフローが大きいという結論を導き出すことができる。費用（キャッシュ・アウト・フローの主要因）には、変動費（操業度に比例して増加する費用；たとえば機内サービス用の飲料にかかる費用）と固定費（操業度に比例せずほぼ一定に発生する費用；たとえば機体の整備費用）があり、この特徴を勘案した判断が必要というわけである。

図表14-6　与件の整理（4）

	A 路線	B 路線
売上によるキャッシュ・イン・フロー	40万円	44万円
乗客の人数に比例して増加する費用 （キャッシュ・アウト・フロー）	10万円	12万円
乗客人数に関係なく発生する費用 （キャッシュ・アウト・フロー）	28万円	28万円
キャッシュフロー	2万円	4万円

出典：著者作成

5：意思決定のさまざまな計算法

(1) NPV法

NPVはNet Present Valueの略であり、正味現在価値と訳される。NPVとは、ある投資案件におけるキャッシュ・イン・フローからキャッシュ・アウト・フローを貨幣の時間的価値を勘案したうえで減算した値のことであり、これがプラスであればその投資案件を実行し、マイナスであれば実行しないという判断材料というわけである。

このような事例において、どう判断し意思決定すればよいのであろうか。

　　M氏は、自らがオーナーシェフを務めるレストランにおいて、本格的なピザ窯を新設しようと思っている。ピザ窯本体は設置費用を含めて250万円かかる。
　　ピザ窯の新設によって、今より美味しいピザを提供できるため、また、話題性もあることから、年あたり20万円のキャッシュフローの増加が永続的に見込める。ただ、手持ちの資金はゼロなので、利率7.5%で銀行から全額を借り入れる予定である。

まず、ピザ窯の新設によるキャッシュ・アウト・フローは、250万円である。

これは現在支出されるキャッシュであるため、現在価値の算出は不要である。つぎに、年あたり20万円のキャッシュフローとあるため、永続価値の計算により、この投資案におけるキャッシュフローの現在価値総額を算出することができる。

$$永続価値 = \frac{20万円}{7.5\%} = 266.67万円$$

よって、このケースにおいてNPVは、
　　キャッシュ・イン・フローの現在価値　266.67万円
　－　キャッシュ・アウト・フローの現在価値　250万円
　＝　16.67万円
となり、NPVがプラスであるから、この投資案を実行すべきとの判断ができるというわけである。

(2) IRR法

IRRはInternal Rate of Returnの略であり、内部収益率と訳される。IRRとは、前項であげたNPVがゼロとなる割引率のことである。ここでいう割引率とは、これまでの説明で用いた利率のことである。すなわち、ある投資案における初期投資額と毎年のキャッシュフロー予想額があり、そのうち毎年のキャッシュフロー予想額の現在価値合計が初期投資額と同一になるような利率がIRRなのである。

図表14-7の投資案におけるIRRを考えてみたい。

図表14-7　IRR検討

	現在（投資時）	1年後	2年後	3年後	4年後	5年後
キャッシュフロー	△200万円	25万円	30万円	45万円	55万円	60万円

出典：著者作成

このケースにおけるIRRとは、現在価値の算出公式にあてはめ、

$$\frac{25}{(1+i)} + \frac{30}{(1+i)^2} + \frac{45}{(1+i)^3} + \frac{55}{(1+i)^4} + \frac{60}{(1+i)^5} = 200$$

の式を満たすiのことである。このケースでは、i＝2.1353%である。なお、IRRの算出は、表計算ソフトの関数を用いると便利である。

IRRに関する理解を深めるためには、銀行預金を例にとり考えるとよい。すなわち、図表14-7と同じ金額で考えるのであれば、図表14-8のようになる。

図表14-8　IRRを理解するための銀行預金の例

利率＝2.1353%	利息	残高＋利息	引出額	預金残高
本日	—	—	—	2,000,000
1年後	42,706	2,042,706	△250,000	1,792,706
2年後	38,279	1,830,985	△300,000	1,530,985
3年後	32,691	1,563,676	△450,000	1,113,676
4年後	23,780	1,137,456	△550,000	587,456
5年後	12,544	600,000	△600,000	0

出典：石野［2007］を参考に著者作成

　銀行預金をあるビジネスへの投資にたとえるとすれば、図表14-7の投資は預金口座への200万円の預け入れを意味する。また、IRRとして算出された2.1353%という値は、この銀行預金の利率にたとえることができる。よって、200万円の預金に対する1年間の利息は42,706円となる。投資案件の実行により1年後に25万円を得られるとあるが、これは預金口座からの引き出しに相当する。この計算を繰り返していくと、利率が2.1353%のときに、5年後に預金残高がゼロとなる。IRRとは、この場合の利率、預金口座がゼロとなる利率を意味するのである。
　つまりIRR法では、算出されたIRRが高いほうが有利ということである。これを応用すれば、たとえばビジネス投資案件を全額借入金で賄う場合、借入金利率より投資案件のIRRが高ければ、その投資案件は実行すべきと判断し意思決定できるのである。
　ただし、IRR法についてはその欠点に注意が必要である。というのも、IRR法では利率（利回り）のみに着目するため、投資案件の規模への着眼ができない。つまり、規模（投資額・回収額）の大きな投資案件よりも、規模の小さな投資案件のほうが、IRRが高くなる場合に有利と判断されてしまうことがある。企業が本来着目すべきはキャッシュフローであり、利率は意思決定のための要素でしかない。よって、利率のみで判断すると、大きなキャッシュフローを獲得しうる投資案件を棄却してしまう可能性がある。

また、IRR法の欠点として、永続価値に対応できないという点がある。IRR法では定められた期間（◎年間）における内部収益率を算出するため、キャッシュフローが永続する場合には算出が不可能なのである。

(3) 回収期間法

回収期間法はPPM（Payback Period Method）ともいい、投資額を回収し終える期間に注目した投資意思決定の方法である。たとえば投資案件について5年以内に投資額を回収しなければならないといったルールが社内にある場合、その5年間のうちに回収し終えることができるかどうかを判断する材料とするというわけである。また、複数の投資案件を比較する場合に、どの案件が早く回収し終えることができるかに基づいて判断するというわけである。

図表14-9の例により説明する。

図表14-9　回収期間法の例

	投資実行時	1年後	2年後	3年後
投資案件のキャッシュフロー	△100万円	20万円	50万円	40万円
キャッシュフロー累積	△100万円	△80万円	△30万円	10万円

出典：著者作成

このケースにおいて、2年数か月の時点で回収し終えていることがわかる。これを正確に算出すると、次のようになる。

$$\frac{2年後時点での累積（絶対値）：30万円}{3年後のキャッシュフロー：40万円} = 0.75$$

よって、このケースにおける回収期間は、2.75年（2年9ヶ月）ということになる。

回収期間法は、考え方や計算方法が極めてシンプルであるため、ビジネス実務において多く利用されている。しかし、IRRと同様この方法にも欠点があることを忘れてはならない。

欠点の1つめとしては、貨幣の時間的価値を無視しているという点である。1年後、2年後などのキャッシュフローについて、その時点での金額そのものを使用した計算方法である。回収期間法には利率を用いるという概念がないため、貨幣の時間的価値を勘案することができない。

2つめとしては、回収期間以降のキャッシュフローを無視しているという点があげられる。あくまでも当初の投資額を回収し終える期間に着目する方法であるため、それ以降どれほどのキャッシュフローを獲得し得るのかという点が勘案されていない。この点で、検討対象となる投資案件がもたらしうるキャッシュフロー総額が判断材料に用いられていないという欠点となっているのである。

　そして3つめの点として、リスク要因を無視していることがある。リスクについては次章において詳述するが、やはり回収し終えるための期間のみに着目するがゆえの欠点といえる。

■**参考文献**
石野雄一 [2007],『ざっくり分かるファイナンス』光文社新書.
グロービス経営大学院（編著）[2009],『[新版] グロービス MBA ファイナンス』ダイヤモンド社.

第15章
リスクと資本コスト／企業価値

ファイナンスにおけるリスクは、一般的にいうそれとは異なる。では、ファイナンスにおいてリスクとはどのようなものなのだろうか。また、資金を調達することが企業活動において欠かせないのはとうぜんであるが、そのために要するコストをどうとらえればよいのだろうか。さらに、企業の価値とは何で、どのように考えればよいのだろうか。

1：リスク

リスクと聞いて、どのようなことを思い浮かべるだろうか。次の例をもとに考えてみたい。なお、前提条件として、あなたはこれらのホテルに投資する側（投資家）の立場であり、これらの情報は確実であり、あなただけが知っているものとする。

【ホテル A】
　　ホテル A が明日、「『来年の夏に超人気シェフのレストランをオープンする』とプレスリリースする」との情報を入手した。ホテル A 社の株価は現在 1,000 円である。

【ホテル B】
　　ホテル B は、プールでの収益が大きく、現在の株価は 1,000 円である。しかし、「『ホテル業界のプールについて、政府が規制を強化する』と明日発表される」との情報を入手した。

【ホテル C】
　　ホテル C は業績好調で、株式投資の専門家から好評価を得ている。しかし株価は、ホテル C と同じような業態の他のホテルと比べて割安である。ホテル C の現在の株価は 1,000 円である。

各ホテルのリスク
　　まずホテル A については、今後株価が上がりそうと判断できるため、リスクは低そうである。つぎにホテル B については、今後株価が下がるかもしれないと判断できるため、リスクが高そうである。最後にホテル C であるが、専門家による評判が高いので、リスクは低そうである。しかし、ホテル A ほど低くはないように思える。

リスクを一般的にとらえると、このように感じるのではないだろうか。しかし、ファイナンス論におけるリスクに基づいて考えると、これとは異なるリスク評価となる。すなわち、以下のとおりである。

【ホテル A】　…　リスク低
　　株価が上がることが確実であり、儲けられるから。

【ホテル B】　…　リスク低
　　株価が下がることが確実であり、儲けられるから。

【ホテル C】　…　リスク高
　　株価が上がるか下がるか不確実であり、儲けられるかどうか不明確。

　ファイナンス論におけるリスクとは、「不確実性」(収益の変動性)を意味する。すなわち、ホテル A とホテル B については、株価の変動(上がる/下がる)が確実視できるため、リスクが低いといえる。一方でホテル C については、株価の不確実性(収益変動性)が高いため、リスクが高いというわけである。

　なお、ここで、ホテル B について、すなわち株価が下がることに伴って投資家が儲けるとの点について、少々補足する。

　株価は、時々刻々と変化する。ある会社の株価が上昇することが確実であれば、今の時点でその会社の株式を購入し、上昇してからそれを売却することで、儲けることができる。しかしその逆に、ある会社の株価が下落することが確実であるとしても、その株式の売買によって儲けることが可能なのである。これには「空売り」(カラウリ)という手法を用いる。投資家が、証券会社を通して他の投資家から期限付きである会社の株式を借り、すぐその株式を市場価格(たとえば 1,000 円)で売る。期限が到来したら、市場でその株式を市場価格(たとえば 800 円)で買い、貸主に返す。買うタイミングで株価が下がっていれば、値下がり分(200 円)が儲け(利益)となるわけである。

　では、投資におけるリスクを考えるうえで、もっともリスクの低い投資対象とは何であるかは、重要な点である。他の投資対象との比較の基準となるからである。一般的にファイナンス論において、リスクのもっとも低い投資対象とは、国債である。ごく簡単にいえば、「国債を購入する」とは、国に対して投資する、あるいは、国に対してお金を貸すことである。誰か、あるいはどこかの企業に対してお金を貸すとしたら、そのお金が返済されるかどうか、利息が支払われるかどうかに関心を寄せるだろう。もし貸した相手が音信不通になったり倒産したりすれば、利息の受け取りどころか元金も返済されない可能性が高い。その点で、相手が国であれば、利息を受け取り元金が返済される可能性は限りなく高いといえる。そこで、国債を

もっともリスクの低い投資対象とするわけである。

　では、その他の投資対象については、どうであろうか。たとえば株式は、その株価が上昇するか下落するかを100％正確に予測することは、投資の専門家であっても不可能である。また、外国為替も同様に、完璧な予測は不可能といえる。これらを国債と比較すれば、リスクの高低が明らかであろう。

　では、投資において、またファイナンスにおいて、どのような種類のリスクが存在するのだろうか。代表的なリスク分類として、「ユニークリスク」と「システマティックリスク」がある。ユニークリスクとは企業個別または独自の理由によるリスクのことである。たとえば、レストランにおける衛生管理の不備に伴う営業停止、優秀でお客様からの信頼が厚いサービスパーソンが突然退社してしまう、といった事柄がある。一方、システマティックリスクとはビジネスにおける企業の外側の環境（外部環境）が変化することに起因するものであり、市場リスクともいわれている。たとえば、外国為替レートの急激な変動、消費税率の引き上げ、気候変動による食材価格の高騰などがあげられる。

　企業経営、また、ビジネスは、さまざまなリスクを抱えながら推進していくものである。ユニークリスクに対しては、自社における自助努力によりその程度を低くすることが可能である。しかしシステマティックリスクについては企業個別にそのリスクの程度を低めることは事実上不可能といえる。そのため、システマティックリスクを回避し得るような企業のしくみづくりが欠かせないといえる。

2：期待収益率

　では、ふたたび投資家の立場で考えてもらいたい。あなたが何かに対して投資する場合、リスクの高い（儲かるかどうかの不確実性が高い）投資対象と、リスクの低い（儲かるかどうかの確実性が高い）投資対象とでは、どちらにより多くのリターン、つまり見返りや益を要求するだろうか。「ハイリスク・ハイリターン」という言葉があるとおり、リスクの高い投資対象に対しては、より多くのリターンを求めるのが常といえるだろう。

　この点は、われわれ個々がよく利用する、金融機関（銀行など）への預金を例にとればわかりやすい。日本の金融機関は、よほどのことがない限り、倒産すること

がないといわれている。また、一定額[1]とその利息までは、預金は保護されている。では、その金融機関へのいわば投資ともいえる預金において、あなたはリスク(収益の変動性)が高いと感じるであろうか。つまり、低金利であり微々たる額ではあるとしても、利息を受け取ることに不安を感じるだろうか。多くの人は、たとえ些少ではあっても利息を受け取ることは確実であると思うだろう。これが、「ローリスク・ローリターン」の典型例といえる。

投資家は、何かに対して投資する場合、その投資額のみが返ってくることを期待するわけではない。投資額にいくらか加算された額が戻ってくる(リターンされる)ことを期待するのである。この、リターンの割合、すなわち、投資総額に対するリターンの占める割合を、「期待収益率」という。

3：資本コスト・割引率

ファイナンス論の視点における企業の活動は、ごく単純化すれば、投資家や金融機関から資金を調達し、その資金を企業が自社のビジネスに投資し、企業はそのビジネスからリターンを得て、企業から投資家や金融機関にリターンをもたらすというものである。

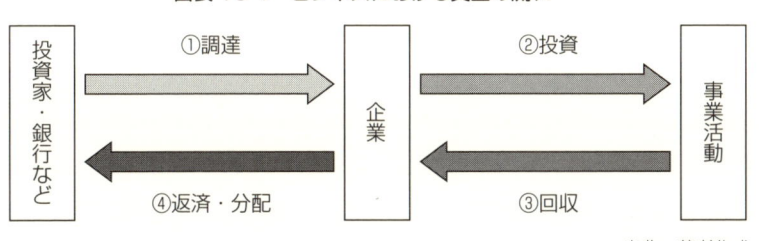

図表 15-1　ビジネスにおける資金の流れ

投資家・銀行など　①調達 → 企業　②投資 → 事業活動
投資家・銀行など　④返済・分配 ← 企業　③回収 ← 事業活動

出典：著者作成

企業が投資家や金融機関から資金を調達するということは、投資家や金融機関の視点では、企業に投資(出資や貸付)するということである。当然のことながら、

---

[1] 本書執筆時点では 1,000 万円。

投資家や金融機関は、投資した資金がその額のまま戻ってくるだけでは満足せず、投資額にいくらかのプラス額のリターンを要求する。つまりこれが期待収益率で表されることになる。ではこれを企業の視点で見ると、どうなるだろうか。調達した資金には、あるいは資金を調達するためには、その資金額を上回るコストを要するということである。

　これは、投資家や金融機関に対し、調達した資金に加えて利息や配当、さらには株価の上昇というリターンを提供しなければならないからである。つまり、投資家や金融機関の視点における期待収益率は、企業の視点におけるコストとなるのである。このコストを「資本コスト」という。

　第13章において、「貨幣の時間的価値」について学んだ。その際には「利率」という用語によって、将来の資金を現在の価値に割り戻すということが扱われた。ここで、その際に用いた「利率」について、ファイナンス論に基づいて考えることにする。

　企業の活動は、数週間や数か月間、あるいは数年間だけにとどまるものではない。ゴーイング・コンサーンという考え方にあるとおり、企業は永続する存在であり、存続しなければならない。よって、将来のキャッシュフローを勘案したうえで、それを現在価値に割り戻したうえでのファイナンス、判断、意思決定が要求されるのである。また、投資家や金融機関から提供された資金についても、ごく短期的な視点でのリターンではなく、長期間に及ぶリターンをもたらすことを考えなければならない。よってここでも、現在価値の考え方が不可欠となる。すなわち、投資家が得られるリターンの現在価値総額を、投資家は判断基準とするからである。

　このように現在価値の考え方が重要視されるのであれば、その決定要因となる「利率」についても重視されてしかるべきである。投資家や金融機関が要求する「期待収益率」、それを企業サイドから見た「資本コスト」は、まさしくこの「利率」に相当するものといえるのである。期待収益率や資本コストを現在価値計算の利率として用いることで、投資家と企業の双方が満足するリターンをあげることができるのである。

　では、あなたが投資家であるとして、例をあげて考えてみたい。日本の国債利率が1％、銀行預金の利率が1.2％であるとしたら、あなたの、ある企業に対する期待収益率はどれほどの率になるだろうか。少なくとも1.2％以下ということはないだろう。もし期待収益率が1.2％以下なのであれば、リスク（収益の変動性）が限りなく低い国債を購入するか、かなり低い銀行預金に預けるはずである。期待して

いる収益率を（ほぼ）確実に達成し、期待どおりのリターンを得られるからである。

つまり、投資家は、リスクテイクをしつつ、国債や銀行預金よりも高いリターンを期待（すなわち期待収益率を要求）しているのである。このことは、企業にとっては、投資家から預かった資金をもって、期待収益率を上回る収益率を達成しなければならないことを意味している。仮に投資家より100億円の資金提供（投資）を受け、その投資家の期待収益率が4%であるとしたら、その100億円をビジネスに投資して104億円を獲得したというだけでは、企業には何も残らないのである。少なくとも4%（投資家の期待収益率）を超える収益率を達成しなければ、企業にとってはいわば「骨折り損のくたびれ儲け」でしかない。ましてや、投資家の期待収益率を下回る収益率では、企業はビジネスによってダメージを受けただけになってしまうのである。

4：負債コスト

これまで企業の資金調達の方法として、「投資家や金融機関から」と述べてきた。しかし、投資家からの資金調達（投資家による出資）と金融機関からの資金調達（おもに金融機関による貸付（企業にとっての借入））では、資金コストの点では大きく異なる。

図表15-2　貸借対照表のサンプル：資金調達の方法は大別して2つ

財産をどのようなカタチで保有しているか	資産 300億円	負債 180億円	財産を持つために借金した額
		純資産 120億円	財産を持つために出資を受けた額＋自力で稼いで貯めた額
	運用形態	調達源泉	

出典：著者作成

図表15-2は、企業が作成・公表する財務諸表の一つである貸借対照表のサンプルである。企業は現金や預金、建物、車両運搬具など、さまざまな資産（財産）

を保有している。そのことが図表15-2では左側に総額300億円として示されている。しかし、それらの資産を保有するためには、資金が必要である。その資金をどのように（どうやって）調達したかが図表15-2の右側に負債180億円と純資産120億円として示されている。単純化すると、企業が資金を調達する方法は、負債によるか純資産によるしかない。

そこでまずは、負債による資金調達、おもに金融機関からの借入による資金調達に関わる資金コストについて考えていく。

借入であるから、借入利率が設定されており、その利率により算出される利息の支払いが伴うのは当然である。つまり、その利息が、負債コスト、負債による資金調達に伴うコストとなる。負債180億円が全額借入金であり、その借入利率が年あたり5％であれば、年あたり9億円が利息であり負債コストととらえることができよう。換言すれば、180億円の資金を調達するに際し、年に9億円の費用が必要となっているというわけである。

しかし、これだけでは正確とはいえない。負債による節税効果について考えなければならないからである。というのも、負債に伴う利息が、法人税等の税金を軽減するためである。

図表15-3　損益計算書のサンプル

	借入金なし	借入金あり	差
売上（収益）	800	800	―
売上原価	300	300	―
売上総利益	500	500	―
販売費・一般管理費	300	300	―
営業利益	200	200	―
営業外収益・費用	90	99	9
経常利益	110	101	△9
特別損益	0	0	―
税引前当期純利益	110	101	△9
法人税等（40％）	44	40.4	△3.6
当期純利益	66	60.6	△5.4

出典：筆者作成

図表15-3は、年あたりの利息が9億円、法人税率が40%としたときのサンプルである。借入金利息は図表15-3の「営業外収益・費用」に含まれるため、借入金の有無によって、この額が異なっている。具体的には、借入金利息の9億円が、借入金ありの場合に増えている。これにより、税引前当期純利益は借入金なしの場合より9億円少なくなるわけだが、法人税等はこの税引前当期純利益に対して税率を乗算するため、法人税等の金額では借入金なしの場合より3億6,000万円少なくなり、最終的な利益（当期純利益）では借入金なしの場合より5億4,000万円少ないにとどまる。つまり、資金調達を負債（銀行借入）によって行う場合、それに伴う利息が費用として含まれる（計上される）ため、法人税等の額が少なくなる。これを負債による節税効果といい、負債コストの算出にはこの点を勘案しなければならないのである。

　では具体的に、負債コストはどのように算出すればよいのであろうか。負債コストの算出公式は、次のとおりである。

　　負債コスト ＝ 負債の利率 [rD] ×（1 － 法人税率 [t]）

これまで示してきたサンプルの数値をあてはめると、

　　負債コスト ＝ 負債の利率 [rD] ×（1 － 法人税率 [t]）
　　　　　　　＝　　　5%　　　×（1 － 40%）
　　　　　　　＝　　　5%　　　× 60%
　　　　　　　＝　　　3%

となる。

5：株主資本コスト・資本資産評価モデル（CAPM）

　つぎに、投資家からの資金調達（投資家による出資）について考えてみよう。期待収益率についての項で述べたとおり、投資家は自らが投資する額に対し、期待収益率を乗じた額のリターンを要求する。しかし、負債コストのように企業にとっての借入利率のように明示された値というわけにはいかない。というのも、投資家が求めるリターンは、投資に対する配当とともに、投資する際に取得した株式につい

ての株価上昇をも要求するからである。この、投資家が要求するリターン、つまり、企業が投資家からの資金調達の際に要するコストを、「株主資本コスト」という。

では、株主資本コストはどのようにして算出するのだろうか。「資本資産評価モデル」(CAPM; Capital Asset Pricing Model) を用いるのが一般的である。以降、この資本資産評価モデル (CAPM) について説明する。

CAPM による株主資本コストの公式は、以下のとおりである。

　　株主資本コスト ＝ 無リスク金利 ＋ β × 株式市場プレミアム

まず無リスク金利であるが、これは国債の利率（利回り）に相当する。リスクの項で述べたとおり、ファイナンス論においては国債をもっともリスクの低い、すなわち、収益の不確実性がもっとも低い投資先として扱う。

つぎに、株式市場プレミアムについて説明する。株式市場プレミアムとは、株式市場全体において、国債よりどれほど高い利回りを提供できるかを表す。これまで述べてきた事柄より、株式市場が国債より利回りが高くなければならないのは当然であることがわかるだろう。株式市場プレミアムについては、以下の式によって算出する。

　　株式市場プレミアム ＝ 市場の期待収益率 － 無リスク金利

すなわち、株式市場（全体）としてどれほどの期待収益率を達成できるかを示す「市場の期待収益率」から「無リスク金利」を減算するのである。

最後に「β（ベータ）」であるが、これを算出するためには複雑かつ多大なデータによる計算を要する。ここではその意味について説明する。β は、市場リスク（システマティックリスク）の指標値である。つまり、$\beta=1$ ということは、株式市場全体とまったく同じ株価変動となることを意味する。そして、$\beta>1$ の場合は、市場より株価変動の幅が大きくなることを、$0<\beta<1$ の場合にはその逆で市場より株価変動の幅が小さくなることを意味する。さらに、$\beta=0$ は株価が変動しないということになり、$\beta<0$ は市場と反対の株価変動となることを意味する。

β の例としては、Bloomberg などの website を見てみるといいだろう。なお、こうしたページに記載されている TOPIX（東証株価指数）とは、「東証市場第一部に上場しているすべての日本企業（内国普通株式全銘柄）を対象とした、時価総額加重型の株価指数」であり、「1968 年 1 月 4 日を基準日とし、基準日の時価総額（8

兆 6,020 億 5,695 万 1,154 円)を 100 ポイントとした場合、現在の時価総額がどの程度か」を表している(東京証券取引所 website; 2014 年 1 月 28 日閲覧)。

たとえば、とある会社の β が 0.785 となっていたら、市場より株価変動の幅が小さくなることを意味している。こうした企業の株価変動のグラフは、TOPIX の変動と比べ変動幅が小さいことがわかる。

一方で、とある会社の β が 1.261 となっていたら、市場より株価変動の幅が大きくなることを意味している。こうした企業の株価変動のグラフは、TOPIX の変動と比べ変動幅が大きいことがわかる。

ただし、前述のとおり個人による算出は難しいため、website を参照されたい。

6：加重平均資本コスト（WACC）

さて、負債コストと株主資本コストが算出できると、いよいよ企業全体としての資本コストを算出することになる。この際に用いる方法（公式）が、「加重平均資本コスト」(WACC; Weighted Average Cost of Capital) である。

ところで、あなたの財布の中にある現金、および、あなたの銀行預金口座に預けてある資金について考えてもらいたい。その総額のうちいくらをどのような方法で入手したか、わかるだろうか。手元の現金や預金口座のお金は、いったん手元に入ってしまえば、その元がどこであったかはっきりしないはずである。この点は企業においても同様であり、保有する資産（財産）がどのような資金調達方法によってもたらされたのか、資産個別に判断するのは難しいものである。

そこで、前述した貸借対照表を思い出して欲しい。資金調達の方法（資金の調達源泉）は大別して 2 つ、すなわち、負債と純資産である。これをもとに、企業が全体として賄わなければならない資本コストを算出するのが、加重平均資本コスト (WACC) の考え方である。

WACC の公式は、次のとおりである。

$$\text{WACC} = \frac{D}{(D+E)} \times rD(1-t) + \frac{E}{(D+E)} \times rE$$

  D … 有利子負債

E　　…　株主資本
T　　…　法人税率
rD　　…　有利子負債の利率
rE　　…　株主資本コスト（CAPM）
rD(1 − t)　…　負債コスト
$\dfrac{D}{(D+E)}$　…　有利子負債と株主資本（純資産）に占める有利子負債の割合
$\dfrac{E}{(D+E)}$　…　有利子負債と株主資本に占める株主資本の割合

以下、具体的な例をあげて説明する。

・Sレストランの例

　Sレストランの貸借対照表および与件は、次のとおりである。同レストランの資本コストを WACC により求めなさい。

貸借対照表

資産	負債	60万円
100万円	純資産	40万円

負債のうち有利子負債	10万円
有利子負債の利率	3%
β	1.25
国債の利回り	1%
市場の期待収益率	5%
法人税率	40%

a．CAPM の算出

　　株主資本コスト ＝ 無リスク金利 ＋ β × 株式市場プレミアム
　　　　　　　　　＝ 無リスク金利 ＋ β ×（市場の期待収益率 − 無リスク金利）
　　　　　　　　　＝ 1％ ＋ 1.25 ×（5％ − 1％）
　　　　　　　　　＝ 0.01 ＋ 1.25 × 0.04
　　　　　　　　　＝ 0.06（6％）

よって、Sレストランにおける株主資本コストは 6％である。

b．WACC の算出

$$\text{WACC} = \frac{D}{(D+E)} \times rD(1-t) + \frac{E}{(D+E)} \times rE$$

$$= \frac{10}{(10+40)} \times 0.03 \times (1-0.4) + \frac{40}{(10+40)} \times 0.06$$

$$= 0.2 \times 0.018 + 0.8 \times 0.06$$

$$= 0.0036 + 0.048$$

$$= 0.0516$$

よって、S レストランにおける資本コストは 5.16％である。

7：企業価値

　前述したとおり、ファイナンスの目的は、企業価値の向上である。では、「企業価値」とはいったい何のことだろうか。

　ホスピタリティ産業のビジネスにおいては、何らかのサービスの提供を受け、その対価としてカネを支払う。それは、提供されたサービスに、支払う金額に見合う金銭的価値があるからである。このごく一般的な一連の流れにある価値を「企業価値」に当てはめるならば、検討対象となる企業にどれほどの金銭的価値があるかを表すことになる。

　昨今、企業や事業の売却や買収が盛んに行われている。図表 15-4 は、2013 年に行われたホテル売買の例である。

図表 15-4　2013 年のホテル売買（抜粋）

時期	施設名	所在地	取得先	金額
3月	ブライトンホテル	千葉など	オリエンタルランド	100～200億円
4月	ヒルトン東京ベイ	浦安	ジャパン・ホテル・リート投資法人	261億円
5月	ホテルアイビス	港区	ケネディクス	（不明）
8月	シェラトン・グランデ・トーキョーベイ・ホテル	浦安	フォートレス・インベストメント・グループ	500億円

出典：『国際ホテル旅館』第314号（ブライダル産業新聞社）

　これらの売買において、企業価値（または対象ホテルの価値）が算出され、その算出値が売買価格の決定プロセスに活用されたと考えることは想像に難くない。では、どのような計算が行われたのであろうか。

　企業価値は、図表15-5に示す2種類の方法で算出することができる。

図表 15-5　2つの企業価値

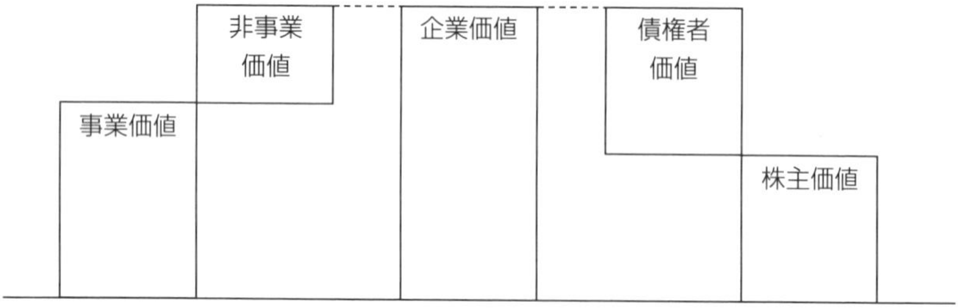

出典：石野［2007］より抜粋

　一つは、左側に示した「事業価値＋非事業価値」との算出方法であり、もう一つは右側に示した「債権者価値＋株主価値」というものである。本章では企業の資産に基づいて算出する前者について扱うものとする。

　非事業価値とは、企業の事業（本業）とは直接関係のない資産から生み出される価値のことである。たとえば企業が手元に保有している現金（キャッシュ）は、それ自体には価値があるが、その状態では何も新たな価値を生み出すわけではない。よってこれは非事業価値といえる。企業が保有する有価証券（他社株式、国債など）も、これと同様である。

では、事業価値とは何のことであろうか。事業価値とは端的にいえば、企業のビジネスが新たに生み出す価値のことである。企業が存在するのは、ごく短期間ということは、通常あまりない。企業は長期間存続し続け、社会に対し貢献し続けることがその責務なのである。

事業価値は、以下のような手順で算出することができる。

① 今後5〜10年間のキャッシュフローを予測
② 資本構成の計算
③ 負債と株主資本を算出
④ 資本コスト（WACC）の計算
⑤ 予測キャッシュフローの現在価値計算
⑥ 継続価値（①の翌年以降）の計算
⑦ ④と⑤を合計し、事業価値を算出する

以下、具体的な例をあげて説明する。
・Rホテルの例

　　Rホテルは、株主資本総額1,600万円、有利子負債総額400万円、遊休土地400万円である。今後5年間のキャッシュフロー予測にもとづいて、企業価値を算出せよ（法人税率は40％とする）。

年	営業利益	減価償却費	運転資本需要の増加	投資額
2014	300	20	10	20
2015	350	25	20	30
2016	250	30	20	15
2017	300	30	10	10
2018	400	20	20	30

※2019年以降は、2018年と同額とする。

有利子負債の利率	3％
国債の利率	1％
株式市場の期待収益率	8％
β	1.2

① 今後5～10年間のフリーキャッシュフロー（FCF）を予測

フリーキャッシュフロー ＝
営業利益 ×（1 － 法人税率）＋ 減価償却費
－ 運転資本需要の増加 － 投資額

年	営業利益	×	(1－法人税率)	＋	減価償却費	－	運転資本需要の増加	－	投資額	＝	FCF
2014:	300	×	0.6	＋	20	－	10	－	20	＝	170
2015:	350	×	0.6	＋	25	－	20	－	30	＝	185
2016:	250	×	0.6	＋	30	－	20	－	15	＝	145
2017:	300	×	0.6	＋	30	－	10	－	10	＝	190
2018:	400	×	0.6	＋	20	－	20	－	30	＝	210

② 資本構成の計算 および
③ 負債と株主資本を算出

　　　　株主資本総額 1,600 万円、有利子負債総額 400 万円

④ 資本コスト（WACC）の計算

株主資本コスト（CAPM）＝ 無リスク金利 ＋ β × 株式市場プレミアム
　　　　　　　　　　　 ＝ 0.01 ＋ 1.2 ×（0.08 － 0.01）
　　　　　　　　　　　 ＝ 0.094（9.4％）

$$\text{WACC} = \underbrace{\frac{D}{(D+E)}}_{} \times \underbrace{rD(1-t)}_{} + \underbrace{\frac{E}{(D+E)}}_{} \times rE$$

$$= \underbrace{\frac{400}{(400+1{,}600)}}_{} \times \underbrace{0.03 \times (1-0.4)}_{} + \underbrace{\frac{1{,}600}{(400+1{,}600)}}_{} \times 0.094$$

$$= \underbrace{0.2 \quad \times \quad 0.03 \times 0.6}_{} + \underbrace{0.8 \quad \times 0.094}_{}$$

$$= \underbrace{0.0036 \quad\quad + \quad\quad 0.0752}_{}$$

＝ 0.0788（7.88％）

⑤ 予測キャッシュフローの現在価値計算

年	FCF	×	現価計数	= 現在価値
2014：	170	×	$\dfrac{1}{(1+0.0788)^1}$	= 157.58
2015：	185	×	$\dfrac{1}{(1+0.0788)^2}$	= 158.96
2016：	145	×	$\dfrac{1}{(1+0.0788)^3}$	= 115.49
2017：	190	×	$\dfrac{1}{(1+0.0788)^4}$	= 140.28
2018：	210	×	$\dfrac{1}{(1+0.0788)^5}$	= 143.72

計：716.03

⑥ 継続価値（①の翌年以降）の計算

2018年以降： $\dfrac{210}{0.0788} \div (1+0.0788)^5 = 1{,}823.85$

⑦ ④と⑤を合計し、事業価値を算出する

716.03 ＋ 1,823.85 ＝ 2,539.88　← Ｒホテルの事業価値

◆ 企業価値の算出

　　企業価値 ＝ 事業価値 ＋ 非事業価値
　　　　　　＝ 2,539.88 ＋ 　400
　　　　　　＝ 2,939.88

Ans. Ｒホテルの企業価値は、2,939.88万円である

■参考文献

青井倫一(監修)[2002],『通勤大学 MBA 5 コーポレートファイナンス』総合法令出版.
石野雄一[2007],『ざっくり分かるファイナンス』光文社新書.
グロービス経営大学院(編著)[2009],『[新版]グロービス MBA ファイナンス』ダイヤモンド社.

第16章
ファイナンス政策と資金調達

資金の調達方法は大別して、金融機関からの借入と、投資家から投資を受けるという2つである。では、それらの割合はどれほどが最適といえるのだろうか。また、資金を調達するからにはその相手に対する見返り（リターン）が必要だが、これをどう考えればよいのだろうか。さらに、資金調達の個々の方法はどのようなしくみになっているのだろうか。

1：最適資本構成

　第 2 章と第 15 章で企業の「貸借対照表」を扱った。改めてごく簡単に説明すれば、貸借対照表とは企業の財政状態を表すものであり、保有する資産（財産）とその資産を保有するための資金をどのように調達しているかを表している。このうち保有資産については表の左側（借方）に、資金調達については右側（貸方）に示される。

　本章における「最適資本構成」とは、貸借対照表の右側（貸方）に関することである。すなわち、負債と純資産の最適な割合はどのようなものか、むしろ、そのような割合が存在するのかという点ついての議論である。

　改めていうまでもなく、負債とは一般的な言葉でいえば借金を意味するといってよい。では、企業に借金があることは、好ましいのであろうか。いくつかの企業について「無借金経営」という経営スタイルが紹介されることがあるが、これは借金が無い財政状態を"よし"とするとの考えからくるものであろう。では、ファイナンス論において無借金な状態は、本当に最良の状態なのであろうか。

（1）モジリアーニ・ミラーの理論（MM 理論）

　本論は、最適資本構成を検討するうえでの基礎理論といえる。まずはこの MM 理論において検討しよう。

　MM 理論においては、「税金が存在しない」ことを前提とする。現実社会においてはどの国や地域においても「税金が存在しない」ということは稀である。しかし、まずはこの前提において検討したうえで、次に現実社会を検討することにしたい。

　ある企業が、資金を 1,500 万円必要としているとし、2 つの資金調達案について検討する。A 案は無借金経営を貫くというものである。すなわち、必要資金 1,500 万円を全額株主からの投資（出資；株式購入）で賄うというものである。それに対して B 案は、借入金と株主からの投資を半分ずつ、すなわち 750 万円ずつとするものである。

　ここで借入金について、改めて考えてみたい。金融機関（おもに銀行）は、企業に対して資金を貸して、その元本の返済とともに利息を受け取ることになる。この利息こそが、銀行にとっての収益となるのである。ただし、元本返済や利息が受け取れないとしたら、貸し出している資金は不良債権化することになる。つまり、銀

行の立場に立つとすれば、どの企業にいくら資金を貸し出すかは、いわば企業への投資に似ているといえるのであり、この場合において銀行は企業への投資家と同一視することができる。

また、投資に対するリターンは、企業価値そのものといえる。すなわち、投資家は投資活動に伴うリターンを求めるのであり、その全投資家に対するリターンの総額は企業価値といえるのである。そして、企業におけるファイナンスの目的は「企業価値の増大」であることは、これまで説明してきたとおりである。

では、前述のA案とB案では、企業価値という観点においてどのような結果となるのであろうか。この事例における営業利益が300万円、有利子負債の利率が4%であるとの設定において検討する。

図表16-1　MM理論による資金調達案

	A案	B案	
営業利益	300万円	300万円	
有利子負債利息	0万円	30万円	←投資家（銀行）のリターン
税引前当期純利益	300万円	270万円	
法人税等	0万円	0万円	
当期純利益	300万円	270万円	←投資家（株主）のリターン
	300万円	300万円	投資家へのリターン総額

出典：著者作成

A案では有利子負債利息が発生せず、株主へのリターンである当期純利益は300万円となる。一方でB案では有利子負債が750万円あることから利息が30万円（750万円×4%）発生することに伴い、株主へのリターンは270万円となる。しかしB案における有利子負債利息の30万円は、銀行という投資家へのリターンであることから、B案での投資家へのリターン総額はA案と同額の300万円となるのである。つまり、この事例からわかることは、資本構成（負債と株主資本の割合）は、税金が存在しないという前提においては企業価値に影響しないという点である。なぜなら、投資家へのリターン総額が、どのような資本構成であるとしても変わらないからである。これがMM理論をごく簡単に解説した内

容である。

(2) 現実社会における資金調達

前項では、税金が存在しないとの前提で検討した。しかし、現実社会において税金は、ほぼ必ず存在するものである。そこで次に、現実社会のように税金（税率）が存在する環境において資本構成がどのように企業価値に影響を及ぼすかを検討したい。ここでは税率を40％として検討を進めることにする。

A案においては、税引前当期純利益は300万円となるため、税金（法人税等）が120万円（300万円×40％）、当期純利益は180万円となる。一方でB案では、有利子負債が750万円あることから利息が30万円（750万円×4％）発生することに伴い、税引前当期純利益は270万円となるため、税金が108万円（270万円×40％）、当期純利益は162万円となる。しかしB案における有利子負債利息の30万円を当期純利益に加算した額が投資家へのリターン総額であるから、その額は192万円となり、A案より多くなるのである。つまり、この事例からわかることは、資本構成（負債と株主資本の割合）は、負債が存在し多くなれば、企業価値は増大するという点である。なぜなら、負債の額が大きければ大きいほど投資家へのリターン総額が増えるからである。

図表16-2　現実社会における資金調達案

	A案	B案	
営業利益	300万円	300万円	
有利子負債利息	0万円	30万円	←投資家（銀行）のリターン
税引前当期純利益	300万円	270万円	
法人税等	120万円	108万円	
当期純利益	180万円	162万円	←投資家（株主）のリターン
	180万円	192万円	投資家へのリターン総額

出典：著者作成

ただし、やみくもに負債（借入金）の額が大きければ良いというものではないのは明らかである。というのも、負債の増加にはリスクが伴うからである。

たとえば、倒産のリスクがあげられる。借入金は株主資本とは異なり、その元本の返済と利息の支払いを要する。よって、キャッシュフローの観点に立つと、元本返済と利払いという両方のキャッシュ・アウト・フローが発生するのである。このことから、これら両方を賄いうるキャッシュフローの獲得が至上命題となるのである。また、企業には緊急に資金を要する状態に見舞われることがあり得る。天候の要因や外国為替相場の変動など、外部環境の変化に伴い急速な資金需要が発生しうるのである。そのようなときに、もともと借入金が多い状態に置かれているとすれば、追加の借入が難しくなりうるのはいうまでもない。銀行は融資先ごとに、融資（資金貸し出し）の上限額を決めているものである。もしその上限ぎりぎりまで企業が借り入れているとしたら、追加の借入は不可能になるのである。よって、資金ショートの発生につながりうることから、負債の"増やし過ぎ"は、倒産リスクを生むことになるのである。

　また、エージェンシーコストもあげることができる。エージェンシーコストとは、債権者と株主の利害が衝突することによって発生するコストのことである。ここでいう債権者とは金融機関など資金を貸す側、株主とは投資家など資金を投資する側である。負債には元金の返済と利息の支払いが必要となり、負債が増加すると当然のことながらその額も増加する。よって投資家としては、投資額に対するリターンの回収に対する不安が高まることから、その企業に対する投資を控えることになりかねないのである。

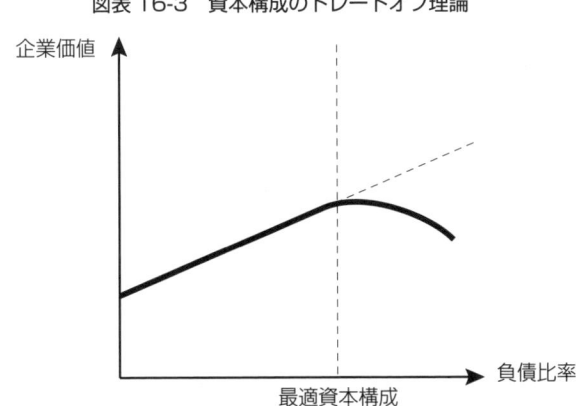

図表 16-3　資本構成のトレードオフ理論

出典：グロービス経営大学院［2009］

図表16-3は、縦軸に企業価値を、横軸に負債比率、すなわち総資本に占める負債の割合をとり、負債比率の増加にともない企業価値がどのように変化するかを示している。この図のとおり、一定の水準まで負債比率が高まるにつれて、企業価値が増大する。これは、これまで述べてきた負債による節税効果が主な要因といえる。しかしある水準を超えると、企業価値が低下してしまう。これも前述したとおり、負債比率が増加し過ぎると、それに伴いリスクが高まるからである。

　結論的にいえば、最適資本構成としての公式的な理論構築、すなわち負債と株主資本はどれほどの割合がベスト（最適）であるという理論は未解決のままである。しかし、元金の返済と利息の支払いが安全かつ確実に可能な範囲で、さらに、資金繰りに行き詰らない範囲において、負債（借入）を最大化することが、現時点でいえる最適資本構成である。また、この結論的指摘において、いわゆる無借金経営がファイナンス論としてのベストアンサーとは言い切れないことも明らかである。とはいえ、各企業における資本構成は、その企業が定めるものである。よって、どの構成が良くてどの構成が悪いという結論は、ここで出すべきではないと考える。

2：利益還元政策（配当政策）

　利益還元とは、株主に対して利益を還元することである。株主への配当がおもな手段のため、配当政策と呼ばれることもある。しかし近年では自社株買いによる利益還元も行われている。

（1）配当政策

　前述の事柄について視点を変えてみれば、株主は、企業から配当を受け取ることができる。いわば、株主は企業からのキャッシュ・イン・フローを受けることになる。では、このこと、すなわち配当によって、企業価値は向上するのであろうか。

　ファイナンスにおける結論は、配当によって企業価値は変化しないというものである。この点を考えてみよう。図表16-4は再掲であるが、この図において示されている「企業価値」のうち、「株主価値」を対象とする。

　株主価値が1,100万円の企業があるとする。この企業が配当を出さないと、株主価値は1,100万円のままである。一方で配当100万円を出すと、企業の株主

価値は1,000万円に低下することになる。これでは一見、配当を出すと企業価値が低下してしまうようにみえる。しかし、企業が配当を出したということは、株主はその配当(この場合は100万円)を受け取ることになる。よって、株主としては、いわば資金の保管場所が変わっただけのことであり、結局のところ、株主が得る益、すなわち株主価値は変わらず同額なのである。

図表16-4　2つの企業価値

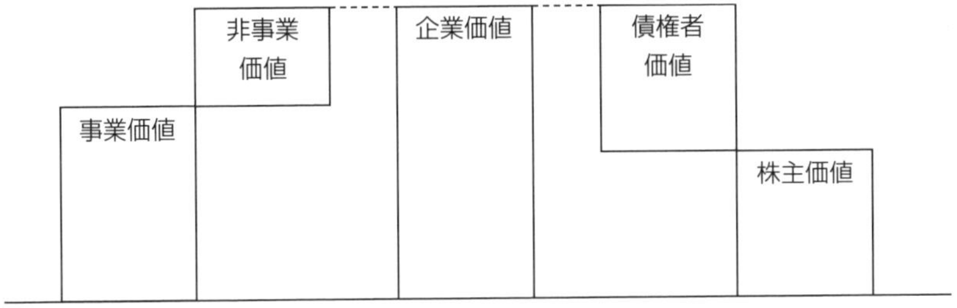

出典：石野［2007］より抜粋

　このように、配当を出すか出さないかは、ファイナンス理論上は企業価値に影響を及ぼさない。しかし、社会の実態としては、増配（配当を増やす）のプレス発表があるとその企業の株価は上昇し、減配（配当を減らす）や無配（配当を出さない）との発表に際しては株価が下落する。この点についてグロービス経営大学院［2009］は「シグナリング理論」として説明している。すなわち、「増配や減配は投資家に対するシグナルとして機能する」というのである。というのも、増配を行うということは、「これから長期間にわたってそれだけ余計に配当金を支払うことを約束する」ことになり、それは「長期的にそれだけのキャッシュフローを生み出す自信が企業にあるからだ」というメッセージ（シグナル）として、投資家に伝わるというのだ。一方で、減配についてはその逆のシグナルとなることから、株価の下落をまねくのだというわけである。

(2) 自社株買い

　自社株買い（または自社株買い戻し）とは、自社が発行する株式を、市場から自社自身が買い戻すことである。これにより、株式市場における自社株式の流通量は必然的に減ることになる。よくいわれることは、需給バランスの考え方を適用し、

自社株買いにより株式市場への自社株式の流通量が減少することによる影響で、自社株の株価が上昇するという点である。そして、株価上昇によるキャピタルゲイン（株価の値上がり益）を株主にもたらすというものである。

ただし、ファイナンス理論を考えるにあたっては、その点だけで済ませるのは適切ではない。というのも、自社株買いにおいて用いる資金が余裕資金、すなわち、他に使うあてのない資金であるならば、自社株買いにより株式市場における株式流通量が減ると同時に、自社の資産（資金）が減少するため、その双方の影響によって株価は変動しないからである。

しかし、自社株買いは余裕資金によってのみ行われるわけではない。負債により調達した資金を活用して行われる自社株買いでは、資本構成に変化が生じることから、株価の変動が起こりうる。すなわち、自社株買いによって株主資本（純資産）が減少するため、加重平均資本コスト（WACC）の算出式に変化をまねき、多くの場合にはその会社の資本コストが低下することになる。

また、社会の実態としては、自社株買いが発表されることで、「企業経営者の自信の表明や株主尊重の姿勢と受け取られたり、現在の株価が割安であるというイメージと受け取られる」ことになり、株価が上昇するとの事象も見られる。

3：資金調達

企業は、資金を調達し、その資金をビジネスに投資し、ビジネスから回収して返済や利息の支払い、配当に回収した資金を用いる。この点はすでに扱った。では、企業はどのように資金を調達するのであろうか。

まず、企業が資金を調達するうえで考慮すべきポイントは、次の5つをあげることができる。

① 調達額 ⇒ どれぐらいの金額の資金を必要としているか。
② 期間　 ⇒ どれほどの期間、その資金を必要としているか。
③ コスト ⇒ その資金を調達するために、どれほどのコスト（資本コスト）を必要とするか（資本コストの他、株式発行による調達であれば株式発行手数料を、債券であれば債券発行手数料を要する）。
④ 経営に対する安全性 ⇒ 資金の提供を受ける金額によっては、経営の主導

権を特定の投資家に掌握されてしまう可能性がある。
⑤ 調達の容易さ ⇒ たとえば株式や債券によって資金調達を行う場合には、開示しなければならない情報が多く、手続きに時間がかかる。

つぎに、投資する側が考慮すべきポイントとしては、以下の4つをあげることができる。
① 投資額 ⇒ いくら投資したいのか。
② 期間 ⇒ どれほどの期間、投資したいのか。
③ リスクとリターン ⇒ その投資によって、どれほどのリスクをとることが可能か。そしてそのリスクに対してどれほどのリターンを要求するか（これが企業にとっては資本コストとなる）。
④ コントロール ⇒ 資金提供によって、資金提供先となる企業の経営に影響力を及ぼすことが可能となる。

さて、企業が資金を調達するには、大別して2つの方法がある。すなわち、前述の貸借対照表において示した負債と純資産（株主資本）の2つである。これを別の方法で分類すると、図表16-5のようになる。

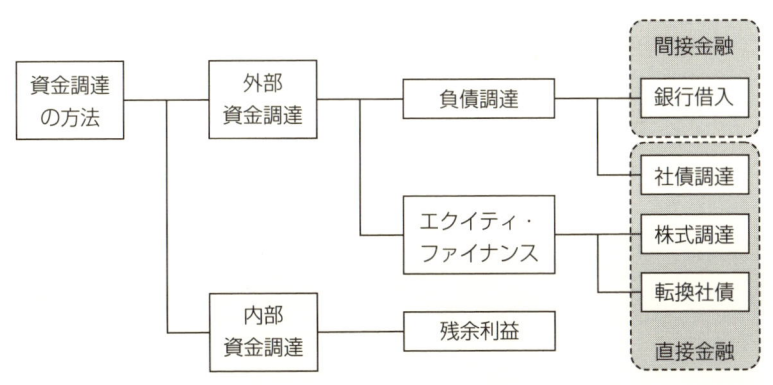

図表16-5 資金調達方法の分類

```
                          ┌─負債調達──┬─[間接金融]─
                          │           │  銀行借入
            ┌─外部資金調達─┤           │
            │             │           ├─社債調達
資金調達     │             └─エクイティ・┤
の方法    ──┤               ファイナンス ├─株式調達
            │                          │
            │                          ├─転換社債
            │                          │  [直接金融]
            └─内部資金調達─── 残余利益
```

出典：砂川［2004］より著者作成

まず負債調達については、おもに金融機関（銀行など）からの借入と社債の発行による調達がある。銀行借入の特徴としては、他の方法に比べ手続きが容易という点をあげられる。そのため、日常の資金繰りの不足を銀行借入によって調達し運用することが多い。金融機関側としては、貸付にあたり、貸付先となる企業の信用力

を審査し、適用金利を決定し、必要に応じて担保を要求する。この際、過去数年間の財務状況を把握するため、財務諸表の提出を求めることが多い。また、担保については、とくに担保価値のある資産を保有していない中小企業などの場合、企業の代表者（代表取締役など）の個人資産を担保として要求するケースがある。なお、銀行借入については、銀行に対して資金を提供している預金者という存在があり、この預金者から銀行をいわば経由して企業に資金が提供されるため、間接金融と呼ばれている。

　負債による調達にはこの他にも、社債の発行による方法がある。これまでに国債について扱ってきたが、国債とはいわば国が発行する借用証書のようなものであり、企業や個人などが国に資金を提供（貸出）することになる。社債の場合は、国債と同様に、企業が発行する借用証書のようなものであり、企業や個人などがその企業に資金を提供（貸出）することになる。

　次に、エクイティ・ファイナンスについてであるが、これにはおもに、株式の発行による資金調達と、転換社債の発行による資金調達がある。負債による資金調達と大きく異なる点は、調達した資金の返済義務を負わないという点である。つまり、たとえば100億円の資金について、負債により調達した場合には、あらかじめ定められた期日までに元金を返済し利息を支払わなければならないが、エクイティ・ファイナンスにより調達した場合には、調達した資金100億円に相当する資金の返済は要求されず、利息に相当する配当金等についても支払い義務はない。

　まず株式発行であるが、特徴として、比較的大規模な資金調達が可能である。必要とする資金を株式という単位に分割し、広く出資者を募ることが株式市場のしくみであるため、このような特徴がみられる。しかし、株式発行による資金調達には多大な時間と労力を要し、さらに公式な監査を受けた財務諸表などの情報の公開が義務づけられる。一方で、前述のとおり返済義務がないことから、長期間にわたる資金を安定的に必要とする際には、有利な資金調達方法といえる。

　転換社債については、転換社債型新株予約権つき社債を例にあげる。そもそも新株予約権つき社債（ワラント債）とは、ある決められた価格（これを行使価格という）で新株を購入する権利（ワラント）が付いた債権のことである。市場での株価が行使価格より高いときには、投資家はこの権利（ワラント）を行使して株式を購入し、すぐに売却することで差額が利益となる。一方で、市場の株価が行使価格より低いときには、投資家がこの権利を行使せず、資金を調達できない。

転換社債型新株予約権つき社債は、株式に交換することが可能な社債のことである。なお、交換（転換）価格はあらかじめ決まっている。市場での株価が転換価格より高いときには、投資家は債券を株式に転換して株式を取得し、すぐに市場で売却することで差額が利益となる。一方で、市場の株価が転換価格より低いときには、投資家が株式に転換せず債権のままで保有することで、利息を得ることができる。

最後に、内部資金調達および残余利益について、ごく簡単にふれる。企業は、外部のみならず、企業内部でも資金を調達することが可能である。調達という言葉がそぐわないかもしれないが、現時点までに企業が稼ぎ出した利益は、蓄積されていくことになる。これを剰余金と呼ぶ。剰余金からは株主に対する配当が支払われることになるが、その後に残った剰余金は、いわば現在と将来の企業活動が、過去の企業活動の結果から資金を調達しているようなものである。よってこれを資金調達の方法のひとつとしてあげるのである。

各資金調達方法をまとめると、図表16-6のようになる。

図表16-6　各資金調達方法の特徴

	調達／投資額	期間／返済義務	コスト／リスク・リターン	容易さ	安全性／コントロール
株式発行	多額調達可	長期安定／なし	資本コスト高＋手数料等	条件多い	経営介入の可能性あり
銀行借入	柔軟に対応	短期中心／あり	資本コスト低	条件少ない	通常は経営介入の可能性なし
債券発行	多額調達可	中〜長期／なし	資本コスト低＋手数料等	条件多い	通常は経営介入の可能性なし

出典：グロービス経営大学院［2009］を参考に著者作成

■参考文献

石野雄一［2007］,『ざっくり分かるファイナンス』光文社新書.
岸本義之・松田千恵子［2011］,『最新コーポレートファイナンスの理論と仕組みがよ〜くわかる本』秀和システム.
グロービス経営大学院（編著）［2009］,『［新版］グロービスMBAファイナンス』ダイヤモンド社.
砂川伸幸［2004］,『コーポレート・ファイナンス入門』日本経済新聞出版社.
高橋文郎［2001］,『実践コーポレート・ファイナンス』ダイヤモンド社.

第17章
ファイナンスの応用

これまで学んできたファイナンスの各論は、実際のビジネスで活用されている。では、どのように考えられ、活用されているのだろうか。本章では航空会社とサービス産業におけるファイナンスについて、実例をとおして学ぶことで、第4部のまとめとする。

1：ファイナンスのポイント

　バブル経済崩壊後の「失われた20年」といわれた期間を経て、わが国のいわゆるシティ・ホテル業界においては、都心を中心として海外の超高級ホテルが数多く進出するなど、再び活況を呈しているようにみえる。しかしながら実際には、地方都市における宿泊市場の現実は依然としてたいへん厳しいものがある。また、経営的には何とか続けられる状況であったとしても、ファイナンス上の問題から経営が続けられなくなってしまったケースも多い。東京の品川駅前の「京品ホテル」が廃業する際、経営側と従業員との混乱が連日報じられたのは記憶に新しいが、その際にも背景に外資系ファンドの存在が垣間見えていた。

　これからの企業経営は、本業でしっかり頑張ってさえいれば何とかなるというものではない。リーマン・ショックの余波が、米国ビッグスリーに甚大な影響を及ぼしたことからもわかるとおり、高度に発達した資本市場との関係も、企業経営上は決して無視できないものなのである。

　すなわち、あらゆる企業においてファイナンスの重要性が増しているということをまずは認識しなくてはならない。サービス産業においても例外ではなく、さまざまなファイナンス手法が駆使され、日々進化を遂げている。その例として、1990年代前後以降に世界的なホテルチェーンのほとんどが大再編の渦に巻き込まれたことがあげられよう。かつてのホテルは、所有、経営、運営の区別を一応はしていたが、多くの企業は主要な施設を自社で所有しつつ経営、そして運営をし、一部を運営受託やフランチャイズの形で展開していた。それが今や、かつて世界有数のホテルブランドであったシェラトンやウェスティンを傘下に収めているのは、多様なファイナンス手法を駆使して急成長した、もとは不動産投資が事業の中心であったスターウッドである（第3章）。この事実が示しているのは、これまでのような所有、経営、運営という考え方だけではホテルの理解は困難であり、事業展開におけるファイナンスの重要性の高さに対する意識が必要であるということである。

　ホテルには不動産がつきまとうために、不動産流動化が活発化した近年になって、このような状況が生ずるようになったが、非常に高額な取得費用がかかる航空機を必要とする航空業界では、古くからさまざまなファイナンス手法が活用されてきた。これらはいずれもサービス産業の代表格である。

第17章 ファイナンスの応用

本章では、サービス財の特性を踏まえつつ、サービス産業におけるファイナンスについてまとめ、第４部全体のまとめとしたい。

2：ホスピタリティ産業におけるファイナンスの方向性

　一般の企業におけるファイナンスの視点と、ホスピタリティ産業における視点との相違はまず、投資先は所有、経営、運営（受託）のいずれに対して関与しているのかという点である。特にホテルにおいてはこの点に意識を向ける必要がある。そして、ここでの所有とは、あくまで不動産ないしは設備の所有であって、企業の所有ではないということにも注意が必要である。たとえば、ある企業が複数ブランドの特定のホテルの不動産に対して投資するケースもある。その場合には、表面的には変化が見られないが、実際にはさまざまな影響が生じるだろう。通常は経営会社か運営会社のブランド名がホテル名になっていることが多いのであるが、その場合には不動産所有会社が変更になっても、ホテル名が変更になることはないために一般にはあまり意識されない。そのため、これまで所有しつつ経営も運営も行っていたホテル会社が、建物の所有権のみを譲渡、または証券化することもある。さらには、一つのホテル経営・運営会社が、複数ブランドのホテルを経営したり運営したりしていることも多いことにも注意が必要である。特に投資ファンドや外資系金融機関系統の会社には、こうした事例が多々見受けられる。このような方向性は、かつてわが国のホテル業界には見られなかったものであろう。

　ホテル側からすれば、ブランドが変わらなくても、不動産所有、経営、運営のいずれかに変化が生じることは重大な影響がある。逆に、不動産所有、経営、運営のいずれか一つだけでも変わることによって、ブランドを含めた経営の前提が変わることもあり得る。

　すなわち、ホテルを取り巻く状況を理解するためには、不動産所有主体、経営主体、運営（受託）主体いずれに対しての投資なのか、また、投資先の主体が業務の対象としているホテルがどこまでカバーされているのか、ということが大きなポイントとなる。なぜなら、その投資元企業の持つ強みに応じて投資先についても変化が生じているからである。

投資ファンドや外資系金融機関のホテル投資への参加という変化は、ホテルの経営にとって必須である不動産の持つ特性に応じたものであるといえるだろう。つまり、多くの研究で論じられるホテルを取り巻く変化は、実は本来、同列に扱いえないものである。ただし、いずれもファイナンスに関係する変化の影響であり、ファイナンスの発達がこうしたさまざまな変化を引き起こしたことは否定できない。

図表17-1　イールドマネジメント可能性

		価格可変性	
		なし	あり
滞在時間	予測可能	映画館	ホテル
		宴会	
	予測困難	レストラン	ヘルスケア

出典：徳江［2009］

　これらを踏まえると、今後のホスピタリティ産業においてもより一層のファイナンスに関係した変化が生じてゆくのであろう。そこで、ファイナンスの視点から考えてゆく前提として、考慮しなければならない前提をまとめておく。投資先の特性としては、

- リターンの確定性
- 売上の変動（イールドマネジメント／レベニューマネジメントが可能かどうか：図表17-1）
- 仕入の変動、資産価値の変動（たとえば、一般には「ホテル＜オフィス＜住宅」であると言われる）
- その他のリスクの存在
- 借入可能額（レバレッジの可能度合）
- 資金調達の際の為替リスク
- エグジット、すなわち売却のタイミング

といったものがあげられる。また、投資主体が直接に投資するケースと、何らかの中間法人や中間組合を経由して投資するケースとにも分けられる。

3：ファイナンスの必要性と選択肢[1]

(1) ホスピタリティ産業におけるファイナンスの必要性

　ここで、なぜホスピタリティ産業においてファイナンスが重要であるかについて、いま一度考えておきたい。

　企業の資産は、資本（純資産；株主資本）と負債とで成り立っている。資本と負債とには、それぞれリスクとリターンとに対しての特性があるわけだが、それぞれの特性に応じた投資家がいるのが本来の姿である。しかしながらわが国においては戦後、財閥支配への反動から、銀行を仲介役とした間接金融へと大きくシフトしたが、その際に資本については株式持ち合いで、負債に対しては融資で、ともに銀行が応じるという構造が成立してしまった。そのために過大な手元現金があったり、不稼働の資産があったりしても、大きな問題にはならなかったのである。むしろ、そのような状況は負債に対する担保価値として認識されることになり、望ましいことであるとさえ認識された。

　この非常にいびつであるとさえいえる状況は、資本市場の国際化にともない、だんだんと解消されることになる。そのプロセスにおいて、非効率な資産には資金が提供されにくい状況となり、どの企業もこうした資産を処分する必要に迫られたのである。

　また、企業価値に対する見方が、キャッシュフローをもとにしたものに変化したことも大きい。この変化にともない、株主資本に対するコストの高さが、負債に対するコストとの比較で強く意識されるようになり、これらを加重平均した加重平均資本コスト（WACC）を用いた資本構成が考慮されるようになってきた。この場合、これまで過大資本であったケースなどは、負債のレバレッジを効かせることによって株主資本利益率（ROE）を高めることも可能となった[2]。

　そうなると、都心の一等地に土地・建物を所有して経営をするホテルなどは、非

1　この項は松田［2007］、砂川［2004］を参考にした。
2　松田［2007］には、花王がカネボウを買収した際の事例と沢井薬品の事例とが紹介されている。

常に高コストの資本構成であるということになる。ここで、こうした資産の資本構成を見直すことで、より一層の利益を獲得することの可能性が生じることになる。一方で、そうした資産をもとにした案件に対して投資をしたいと考える市場が存在すれば、そこで資本市場が形成されることになる。

このようにして、これまで固定的な資本に頼って経営をしてきた企業は、資産構成について見直す必要性に迫られることになった。

また、資産管理とサービスの運営とは、それぞれ全く特性の異なる業務であるということにも注意が必要である。前に述べたように、ホテルにおいてはさまざまなホテルの資産管理を行う会社、さまざまなホテルの経営を行う会社、さまざまなホテルの運営を受託するまたは運営指導を行う会社、というような分業化が進んでいる。ホテルごとに不動産所有をしつつ経営、運営をするという状況は少数派になりつつある。そのために、特性に応じたファイナンスの必要性が高まってきているといえよう。

(2) 利用可能なファイナンス

いずれの主体に投資するかに関係なく、ファイナンスの視点から考察するためには、何らかの基準によって企業価値を評価しなければならない。企業価値評価法には大きく分けて、インカムアプローチ、コストアプローチ、マーケットアプローチなどがある。

インカムアプローチとは、その主体に期待しうると考えられるキャッシュフローをもとにしたもので、ディスカウンテッド・キャッシュ・フロー法（DCF法）や、収益還元法・配当還元法、EVA法、リアル・オプションなどが代表的である。コストアプローチとは、その主体のストックをもとにしたもので、簿価純資産法や時価純資産法などがあげられる。マーケットアプローチとは、市場での評価をもとにしたもので、市場価額法、類似会社比準法（EPS・BPS/PER/EBITDA）、類似業種比準法、類似取引法などがあげられる。それぞれ、図表17-2のようなメリット・デメリットがある。

不動産や航空機といった、事業遂行のための資産に対して投資をする際にも、場合によっては同様の価値評価がなされる必要がある。特に航空機のように減価するものであれば、再販売時の価格を考慮するなど、上記に類似した手法が用いられることになる。

図表 17-2　企業価値評価方法のメリット・デメリット

	インカムアプローチ	コストアプローチ	マーケットアプローチ
メリット	・リスクとリターンの明示的な反映が可能である。 ・M&Aなどの場合、買収後に対象企業がもたらすベネフィットが明確である。 ・マーケット状況に影響を受けない。	・決算書に基づいた比較的客観的な評価がなされる。 ・M&Aなどの場合、買収後の賃借対照表の作成、金融機関への提出資料、買収価格の各資産への按分等が容易である。	・実際のマーケット情報に基づく点で客観的である。 ・類似会社批准法の場合、情報の入手が容易。 ・評価計算にあまり時間がかからない。
デメリット	・将来予測の恣意性・不確実性がある。 ・前提条件によって評価額が大幅に変わる。 ・他の評価方法と比べて情報の入手、計画の策定などに時間や労力を要する。	・将来利益が評価に反映されない。 ・会社全体としての評価が反映されにくい。 ・決算書の内容調査に時間と労力を要する。	・類似会社の選定が困難かつ恣意性が入る可能性がある。 ・類似取引法の場合、情報の正確性の問題がある。 ・マーケット状況に影響される可能性がある。

出典：松田［2007］

　このようにして投資先の評価がなされたら、次にその投資先に対する投資スキームについて考慮しなければならない。すなわち、単一のまたは複数の投資主体が直接投資を行うのか、あるいは何らかの別の主体を通して間接的に投資するのかについて、税制や規制との関係を考慮しつつ決定するのである。もちろんその際には、場合によっては証券化などの流動化を進めることもある。ここでは、たとえば不動産が関係するものであれば、値上がりによるキャピタルゲインが目的なのか、あるいは長期保有によるインカムゲインが目的なのかといった、目的についても検討される。

　ホテル事業においては、その不動産については証券化を中心とした流動化や、不動産管理主体による間接投資が多くなってきている。また、経営や運営については株式の取得による直接投資が増えている。他のホスピタリティ産業においてはどうなのであろうか。航空事業においては、航空機の導入に際してさまざまなファイナンスが編み出されてきている。そこで、この分野の事例について、少し詳しく説明していく。

4：航空会社におけるファイナンス

　航空会社はその商品提供に際し、航空機という非常に多額の資金が必要とされる存在が欠かせない。こうした状況に対応して、さまざまな資金調達手法が編み出されてきた。大きくは航空会社の内部資金と外部資金とに分けられ、外部資金はさらに多様な手段が講じられる。

　わが国では、実質的な航空業の黎明期であると言える1940年代から1950年代にかけては、航空機の調達にかかる費用はそれほど大きなものではなく、内部資金での対応が可能であった。だが1950年代以降の航空需要の増大と、1960年度以降のジェット機の出現とによって、だんだんと内部資金のみでは賄いえなくなってきた。航空会社は比較的信用力が高いため、当初は借入によって調達していたが、次第に新株発行などのエクイティ・ファイナンスも併用するようになり、やがて1960年代中頃よりリースを利用するようになってゆき、1970年代にはリースが一般化してゆくことになる。

　ここでは外部資金の調達手法について、実際に用いられている手法を解説する。

　まずローンであるが、これは通常の融資によって航空会社が機体を購入するもので、もっとも単純なファイナンスといえる。航空機の所有権は航空会社に帰属し、減価償却が可能となる一方、貸借対照表上では長期借入として記帳されることになる。貸し手は金利の形で利益が発生するが、貸し倒れの危険性が生じる。

　次に割賦販売は、ローンと同様であるが、商社やリース会社、あるいは金融機関などがシンジケートを組み、そこが航空機を購入したのちに航空会社に転売するものである。貸し倒れリスクが分散されると同時に、シンジケート参加者それぞれが金利を得ることができる。

　そして、ファイナンス・リースとは、10〜15年といった長期契約をリース会社と航空会社が結ぶものであり、航空会社が実質的な所有者となる。ここでのリスクと管理の責任は航空会社が負担することになり、Full Payout…すなわちリース期間中に航空会社は取得価額を全額支払うことになる。また、期間中の途中解約は原則としてできない。航空会社が実質的な所有者となるため、航空機の仕様などについては航空会社で決めることが可能である。

　さらに、レバレッジド・リースは、機体の購入価額の2〜4割程度を出資され

て設立されたリース主体が、残額を融資で賄って機体の購入を行い、航空会社がリースするものであり、リース主体が機体の名義上の所有者となる。この手法の最大の目的は節税である。国ごとに税制の違いがあるために、色々な手法がある。リース主体が所有者になるため、リース主体に対して機体を担保とした融資が可能であり、低い割合の出資によって機体を取得し、機体の減価償却費と支払金利を費用にできる利点がある。

わが国では、リース主体は会社法人の他に、民法上の組合方式[3]によって投資家が直接に機体の所有権を分散して持つタイプや、商法上の匿名組合方式[4]によって、リース主体が機体の所有権を持つものまでさまざまなタイプが存在する。

最後にオペレーティング・リースとは、短期の契約が中心であり、実質的にはレンタルであると言える。購入時と売却時との差額をもとにして利益を乗せ、リース料が設定される。この場合には、リース期間が満了しても、航空会社に所有権が移転しない。技術革新などによって、機体の売却想定価格が変化した場合や、為替変動によるリスクが存在することには注意が必要である。

上記のようにファイナンスの手法が分けられるが、航空機はその取得のための費用が莫大であり、かつ技術革新が甚大な影響を及ぼすことはなく、そのためもあり耐用年数が比較的長く、サービス提供上の代替性が高いということが、こうしたさまざまな手法が生まれた要因であると言えよう。もちろん航空需要には中長期の変動も存在し、またその変動幅は大きいため、航空会社からすれば、いったん機体を購入してしまうと、その分リスクは大きくなりかねないため、そのクッションとしての役割も認められよう。

いずれにせよ航空事業においては、途中の経路や出発点と到着点などに対する費用は比較的大きくないが、絶対的に必要とされる航空機の持っている上記のような特徴によって、機体購入に際してのファイナンス手法が発達していったと言える。

このように、ホスピタリティ産業を含むサービス諸産業においては、その特性に応じたファイナンスのスキームが求められている。物の製造・販売と異なり、サービスは在庫が不可能であるため、その分が利益を減らす要因になりえてしまう。物であれば、製造してしまった製品を在庫しておいて、やがて販売するために資産と

---

3 民法第667条から第688条。
4 商法第535条から第542条。

して計上することが可能であるが、サービスは生産している一方で消費しているはずであるが、航空機の座席などは、売れ残ってしまっていれば生産しているその場で廃棄しているも同然である。

それにもかかわらず、莫大な初期投資あるいは固定資産が必要であったりするなど、資金面に対する需要は大きい。

5：サービス産業におけるファイナンス

事業遂行の前提として、多額の資金がまず必要とされ、長年にわたって償却されるような場合には、これまでは自己資本で賄う方向性で事業が展開されてきた。実際、土地の含み益を担保に借り入れを続け、拡大していったチェーンも存在する。しかしながら、これは不動産価格が右肩上がりに上昇し続けるという土地神話のもとでの話であり、既に遠い過去のこととなってしまっている。もちろん、スターウッドのケースを見ても分かる通り、資産の活用とサービスの運営とは、極めて異質性が高く、同列に経営するのは難しいと考えられる。

スターウッドの一つに数えられるウェスティンホテル東京の土地、建物は、2004年にモルガン・スタンレーなどがサッポロホールディングスから501億円で買収したが、2008年にはGIC（シンガポール政府系ファンド）に770億円で転売されている。しかしそのプロセスにおいて、ブランド名は変わっていない。この転売劇は、ホテルの不動産に対して行われたものであり、スターウッドによる運営には変化がなかったからである。

また、前述したように2006年に経営会社と運営会社の大規模な変更があったIHG・ANAでは、2007年の直営ホテル13軒の土地・建物と直営ホテルの経営・運営会社とが売却され、やはりモルガン・スタンレーが2,813億円で落札した。ここでもやはりブランド名は変わっていない。IHG・ANAによる運営には変化がないためである。

このように、経営・運営会社が変わっても、運営委託先が変わらないということも多い。ホテルにおいては、不動産所有・管理、経営、運営という異なる機能を1つの企業が行うというメリットよりも、そのうちの1つの機能に特化して、複数のホテルに対してそれを展開してゆくという方向性が、戦略のオプションとしては

強みを発揮しやすい可能性がある。特に投資する側から見れば、複数の投資案件を組み合わせることから、リスクの低減も図ることが可能である。

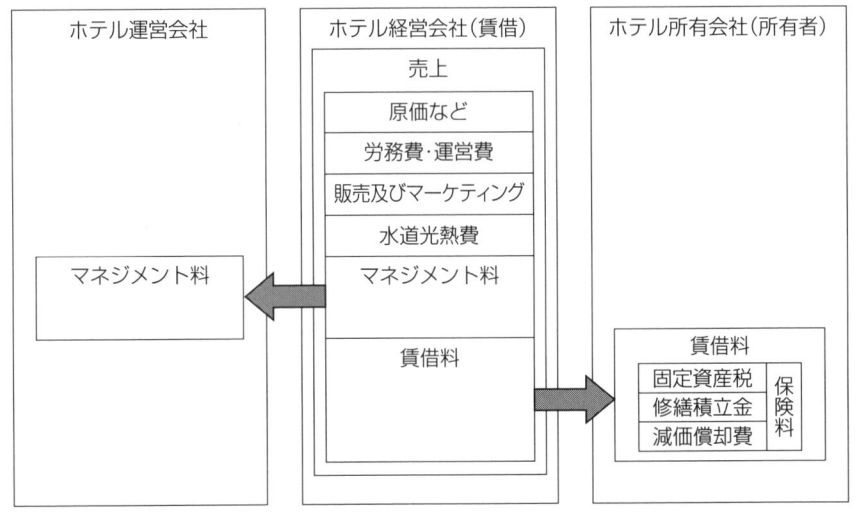

図表17-3　ホテルを軸としたファイナンス

ホテル運営会社	ホテル経営会社(賃借)	ホテル所有会社(所有者)
マネジメント料	売上 原価など 労務費・運営費 販売及びマーケティング 水道光熱費 マネジメント料 賃借料	賃借料 固定資産税／修繕積立金／減価償却費／保険料

出典：沢柳知彦氏講演資料より

　すなわち、図表17-3のように、運営主体は運営に集中し、マネジメント・フィーのみを受け取り、運営する施設を増加させることでスケール・メリットを享受し、経営主体、不動産所有主体も同様な方向性での資源展開をしてゆくという考え方である。

　さらに、サービス提供に必要な施設や設備における技術革新が、あまり頻繁になされない、あるいは経営上、甚大な影響が起こりにくい場合、そしてまたその施設や設備の代替性が高く、ある主体において利用が完遂されなかった場合でも、他の主体が効率的に運営しうるような場合、その対象に外部からの何らかのファイナンスがなされることがうかがえる。航空機においてはまさにそのような取引が日々行われているのであり、そのために航空機の機体そのものに対する多くのファイナンス手法が存在している。

　前述のモルガン・スタンレーの転売劇のように、破格な利益が運営主体や経営主体にもたらされることはほとんどない。これは、ファイナンスの持つリスクとリター

ンとの関係から、投資主体のみが持ちうる特性と割り切らざるをえない。もちろん、経営や運営が非常に高い評価を得た場合には、市場においてその主体に対する投資意欲が掻き立てられ、同様に高価格での取引がなされることもありえよう。ただし、その際に直接的にキャピタルゲインで得をするのも、また投資主体である。

　ホスピタリティ産業の側からみた場合には、このような旺盛な投資意欲を持つ投資家に対して、これまで述べてきたようなサービスの特性に応じたさまざまなファイナンス手法を提示することによって、より有利な資金調達を目指すことになる。そして、自社の運営によって資産の価値も向上させ、さらに高い評価に結び付けることもポイントとなってくる。このようにして経営や運営を行っていく限りにおいては、自社に対する資金調達で困難に直面することはないであろう。

　いずれにせよ、通常サービス産業と我々が認識する事業者が最も強みを発揮しうるのは、無形であり、生産と消費とが同時であるというサービスそのもののマネジメントであり、それをいかに垂直展開、または水平展開してゆくかという命題において、資金調達の仕組みとして、有形部分を用いることは有効なものである。

■参考文献

太田昭和監査法人編 [1996],『リースの会計処理と税務』中央経済社．
大塚宗春監修, 山口祐司・金子良太訳 [2009],『米国ホテル管理会計基準Ⅱ』税務経理協会．
沢柳知彦 [2002],「ホテル投資・資産戦略」(中村清・山口祐司編,『ホスピタリティ・マネジメント』生産性出版, pp. 218-240．)
砂川伸幸 [2004],『コーポレート・ファイナンス入門』日本経済新聞社．
徳江順一郎 [2009],「サービス産業におけるファイナンスのスキームに関する一考察 - ホテル、航空、鉄道の事例を中心に -」『ツーリズム学会誌』No. 9, ツーリズム学会．
羽原敬二 [1997],『研究双書 第105冊 航空機ファイナンスの諸問題』関西大学経済・政治研究所．
松田千恵子 [2007],『ファイナンスの理論と実務』金融財政事情研究会．

索　引

■あ行

粗利益　　98
粗利率　　98
イールド・マネジメント　　58・68
移動平均法　　110
ヴィラ　　47
売掛　　154
運営　　36・215
営業費　　94
永続価値　　166
エージェンシーコスト　　205
エクイティ・ファイナンス　　210・220
オペレーティング・リース　　221
おもてなし　　7
おもてなしの心　　8
買掛　　154
会計　　24
会計情報　　19
会社法　　16
回収期間法　　181
貸方　　18・202
加重平均　　111
加重平均資本コスト　　193・208
活動基準原価計算　　140
株式市場プレミアム　　192
株主資本コスト　　192
株主資本等変動計算書　　16
空売り　　185
借方　　18・202
関係性のマネジメント　　8
間接経費　　117・140
間接材料費　　117・140
間接作業時間　　113
間接費　　94・140

間接労務費　　112・117・140
管理会計　　19

■か行

機会コスト　　174
企業価値　　26・172・195・204
期待収益率　　186
機能別分類　　92
基本財務諸表　　16
客室部門　　36・154
キャッシュ　　155
キャッシュ・アウト・フロー　　156
キャッシュ・イン・フロー　　156
キャッシュ・フロー計算書　　16
キャッシュフロー計算書　　156
勤務時間　　112
金融商品取引法　　16
偶然的原価　　104
経営　　36・215
形態別分類　　92
経費　　93・114
原価　　90
原価企画　　138
原価計算　　90
現価係数　　163
減価償却費　　48・115・156
原価態様　　124
原価率　　98
現在価値　　162
コスト・ドライバー　　122
コスト・ビヘイビア　　124
コスト管理　　96
固定費　　122
個別標準原価　　98

226

固変分解　　　127

■さ行
サービス　　　5
サービス概念　　　5
サービス産業　　　4
最適資本構成　　　202・206
財務会計　　　19
財務諸表　　　14・16・156
材料費　　　92・108
先入先出法　　　109
サンクコスト　　　173
時間的価値　　　160
事業価値　　　196
事業資産　　　27
システマティックリスク　　　186
実際原価　　　97・103
実際原価計算　　　97・103
実働時間　　　113
支払経費　　　115
資本コスト　　　187
資本資産評価モデル　　　192
シャワー・ブース　　　46
就業時間　　　112
宿泊部門　　　36
出資者　　　14
証券化　　　219
所有　　　36・215
スキッパー　　　44
スタッフ部門　　　34
製造間接費　　　117
製造原価　　　94
税法　　　16
セントラルキッチンシステム　　　105
操業度　　　122
相互性　　　7
測定経費　　　115

損益計算書　　　16・156
損益分岐点　　　127
損益分岐点分析　　　127

■た行
貸借対照表　　　16・17・156
互酬性　　　7
チェックアウト　　　44
チェックイン　　　44
直接経費　　　140
直接材料費　　　108・140
直接作業時間　　　113
直接費　　　94・140
直接労務費　　　112・140
月割経費　　　115
転換社債　　　210

■な行
ネット・キャッシュ・フロー　　　156
年金原価計数　　　166

■は行
配当政策　　　206
配賦　　　118
発生経費　　　115
非事業価値　　　196
人時生産性　　　114
標準原価　　　97
標準原価計算　　　96
ファイナンス　　　24
ファイナンス・リース　　　220
不確実性　　　8・185
負債コスト　　　189
フロント　　　44
変動費　　　122
補助材料費　　　108
ホスピタリティ　　　7

ホスピタリティ概念	7
ホスピタリティ産業	4・217
ホスピタリティ産業論	10

■ま行

埋没コスト	172
無借金経営	202
無リスク金利	192
モジリアーニ・ミラーの理論	202

■ら・わ行

ラグジュアリー	45
ラックレート	50・59
利害関係者	14・19・27
リスク	184
リソース・ドライバー	143
リソースプール	143
流動化	219
料飲部門	34・39・154
ルームチャージ	50

歴史的原価	103
レバレッジド・リース	220
レベニュー・マネジメント	58
労働時間	112
労働分配率	114
労務費	93・111
ワラント	210
割引率	187

■英字

ABC	140
ADR	50
CAPM	192
IRR	179
MM理論	202
NPV	178
PPM	181
RevPAR	50
USALI	34
WACC	193・208

■ 著者紹介 ■

徳江順一郎（編者）

上智大学経済学部経営学科卒業、
早稲田大学大学院商学研究科修士課程修了。
大学院在学中に起業し、長野経済短期大学、産業能率大学、桜美林大学、筑波学院大学などの非常勤講師を経て、現在、
東洋大学国際地域学部国際観光学科／大学院国際地域学研究科国際観光学専攻准教授

長谷川　惠一

早稲田大学商学部卒業
早稲田大学大学院商学研究科修士課程修了
早稲田大学大学院商学研究科博士後期課程単位取得退学
早稲田大学商学部助手、高崎経済大学専任講師、
早稲田大学商学部専任講師、助教授、教授を経て、現在、
早稲田大学商学学術院教授
余暇ツーリズム学会副会長、経営行動研究学会理事
観光庁「宿泊産業経営検討会」座長

吉岡　勉

産業能率大学経営情報学部（通信教育課程）卒業
産業能率大学大学院総合マネジメント研究科 MBA コース修了
亜細亜大学大学院アジア・国際経営戦略研究科博士後期課程修了
高校卒業後に IT 業界にて中央官庁や金融機関等の情報システム開発運用に従事し、現在、
産業能率大学情報マネジメント学部准教授

数字でとらえるホスピタリティ
　－会計＆ファイナンス－ 〈検印廃止〉

著　者	長谷川　惠一
	吉岡　　勉
編著者	德江　順一郎
発行者	田中　秀章
発行所	産業能率大学出版部
	東京都世田谷区等々力6-39-15　〒158-8630
	（電話）03（6266）2400
	（FAX）03（3211）1400
	（振替口座）00100-2-112912

2014年4月18日　初版1刷発行

印刷所・制本所　渡辺印刷

（落丁・乱丁はお取り替えいたします）　　ISBN 978-4-382-05707-4
無断転載禁止